市町村長、公吏、町村会議員必携
市町村制ニ依ル 書式ノ草稿 及 実例
【昭和4年初版】

加藤治彦 編輯

地方自治法研究
復刊大系〔第二六三巻〕

市町村長、公吏、町村会議員必携

市町村制ニ依ル

書式ノ草稿及実例

〔昭和四年初版〕

日本立法資料全集 別巻1073

信山社

市町村制研究會主事
加藤治彦編

市町村長、公吏、町村會議員必携

市町村制ニ依ル

書式ノ草稿及實例

東京
改進書房

市町村長、公吏 町村會議員必携 市町村制ニ依ル書式ノ草稿及實例

目次

目次

目次

目次

市町村會ニ關スル書式……九一

市町村吏員ニ關スル書式

（目次終）

市町村長、公吏町村會議員必携 市町村制ニ依ル 書式ノ草稿及實例

日本自治制研究會主事 加藤治彦編

其一

公賣處分ニ因ル不動産ノ權利移轉登記囑託書

官廳《くわんちやう》又《また》は公署《こうしよ》の公賣處分《こうばいしよぶん》によつて、不動産《ふどうさん》を取得《しゆとく》した者《もの》が權利移轉《けんりいてん》の登記囑託《とうきしよくたく》の請求《せいきう》をした場合《ばあひ》に、市町村長《しちやうそんちやう》（又《また》は税務署長《ぜいむしよちやう》）が出《いだ》す登記囑託書《とうきしよくたくしよ》の書《か》き方《かた》である。

權利移轉ノ登記囑託書

一不動産ノ表示

何府縣何郡市區町村大字何々何番地

一田　何段何畝歩

公賣處分ニ因ル不動産ノ權利移轉登記囑託書（其二）　　二

一登記原因及其日附　何年何月何日公賣落札
一登記權利者ノ表示　何府縣何郡何市町村何番地　何某
一登記名義人ノ表示　何府縣何郡何市町村何番地　何某
一登記ノ目的　所有權移轉ノ登記
一課税標準　土地賣渡ノ價格　金何百圓也
一登録税　金何圓
一附屬書類
　土地公賣調書　壹通

右登記相成度登記權利者何某ノ請求ニ因リ此段及囑託候也

何市町村長（又ハ何税務署長）
年　月　日　何　某㊞

何區裁判所（何出張所）御中

其二

官有《くわんいう》不動産《ふどうさん》又《また》は府縣郡市區町村《ふけんぐんしくちやうそん》の所有《しよいう》する不動産《ふどうさん》の取得者《しよとくしや》よりの請求《せいきう》によりて、市區町村長《しくちやうそんちやう》の發行《はつかう》する登記囑託書《とうきしよくたくしよ》の書《か》き方《かた》。

官公署所有不動産權利移轉ノ登記囑託書請求ニヨル登記囑託書

一不動産ノ表示

何府縣郡市區町村大字何々字何番地

一畑　何百坪

一登記原因及其日時　何年何月何日拂下(又ハ賣渡)

一登記權利者ノ表示　何府縣何郡市區町村番地　何某

一登記名義人ノ表示　何省(又ハ何府縣郡市區町村名)

一課税標準　土地賣渡ノ價格　金何百何拾圓也

一登錄稅　金何圓也

一附屬書類

土地賣渡證書(又ハ拂下調書)　壹通

右登記相成度登記權利者何某ノ請求ニ因リ此段及囑託候也

年　月　日

何廳官職(又ハ市町村區長)

何　某　㊞

何區裁判所(何出張所)御中

其　三

官公署《くわんこうしよ》が不動産《ふどうさん》を取得《しゆとく》した場合《ばあひ》に、其《そ》の登記《とうき》を囑託《しよくたく》する書式《しよしき》の書《か》き方《かた》。

土地取得登記囑託書

一不動産ノ表示
　何府縣何郡市區町村大字何々字何番地
　　一田　何段何畝歩
一登記原因及其日時　何年何月何日買收
一登記權利者ノ表示　何省（又ハ何府縣郡市町村區ノ名）
一登記名義人ノ表示　何府縣何郡市町村何番地　何某
一登記ノ目的　所有權移轉ノ登記
一附屬書類
　賣渡證書　壹通
　登記義務者ノ承諾書　壹通
右登記相成度此段及囑託候也

何官廳官職（又ハ市町村區長）

年　月　日　　　　　　何　某　㊞

何區裁判所（何出張所）御中

其　四

官公署《くわんこうしよ》が取得《しゆとく》した不動産《ふどうさん》に關《くわん》する權利《けんり》消滅《せうめつ》に付《つ》いて登記《とうき》權利《けんり》者《しや》が其《そ》の抹消登記《まつせうとうき》の囑託《しよくたく》を請求《せいきう》した場合《ばあひ》の抹消登記囑託書《まつせうとうきしよくたくしよ》の書《か》き方《かた》。

官廳取得不動産權利抹消登記囑託書

一不動産ノ表示

承役地　何府縣何郡市町村區大字何、何番地

一宅地　何百何十何坪

要役地　何府縣何郡市區町村大字何、何番地

一宅地　何百何坪

一登記原因及其日時　何年何月何日期間滿了ニ因リ何年何月何日囑託受附第何號ノ地役權ノ消

戸籍法ニ關スル書式（其一）

滅

一登記ノ目的　地役權抹消ノ登記

一附屬書類　地役權設定契約書　壹通

右登記相成度登記權利者何某ノ請求ニ因リ此段及囑託候也

年　月　日

何官廳官職（又ハ市區町村長）

何　某　㊞

何區裁判所（何出張所）御中

戸籍法ニ關スル書式

大正三年三月三十日法律第二十六號

其一

戸籍簿又ハ除籍簿役場外持出報告書

何年何月何日午前（又ハ午後）何時本役場ニ隣接スル本町村何番地何某方ヨリ出火シ、時恰モ東南ノ風特ニ烈シク、本役場ニ延燒スルノ虞アリ（戸籍簿及除籍簿ヲ藏置セル倉庫モ亦危難ヲ免ルルヲ保シ難キニ因リ）危難ヲ避クル爲メ（又ハ時恰モ東南ノ風烈シク遂ニ本役場ハ類燒ノ厄ニ罹レルニ因リ直チニ戸籍簿及除籍簿ハ危難ヲ避クル爲メ）全部直ニ之ヲ役場外ニ持出シ本町村何番地何某方ニ於テ吏員ヲ附シ保管中ニ有之、戸籍法第十三條及戸籍法施行細則第三十二條ニ依リ、此段及報告候也

追テ火災ハ幸ニ何某方一戸ニ止マリ本役場ハ延焼ヲ免カレタルニ因リ直ニ役場内ノ倉庫ニ復送ノ準備中ニ有之候

年　月　日

何市町村區長　何　某　㊞

何區裁判所判事　何　某　殿

其　二

戸籍簿又ハ除籍簿滅失申報

何年何月何日午前何時（又ハ午後何時）本役場物置所ヨリ出火シ、時恰モ東北ノ風烈シク、消防夫吏員其他協力シ極力防禦シタルモ其効ナク遂ニ役場内ニ延焼シ、其建物全部ヲ焼失シ、左記ノ戸籍ニ關スル一切ノ書類全部ヲ焼失シタリ

一　戸籍簿　何冊

二　除籍簿　何冊

三　戸籍見出帳　何冊

四　除　籍　見　出　帳　何　冊
五　受　附　帳　何　冊
六　身分登記簿及之ニ關スル書類　何　冊
七　其他戸籍ニ關スル總テノ書類　何　冊
（又は焼失したる帳簿の中で殘りたるものある時は）
一　戸　籍　簿
　大字何々ノ部　何　冊
　同　何々ノ部　壹　冊
二　除籍簿ハ何年度ヨリ何年度分マテ　何　冊
三　何年何月何日ヨリ何年何月何日ニ至ル間ニ受理シタル戸籍ニ關スル屆書
　約貳百八拾通
四　何　々　何　冊
五　何　々　何　通
右燒失書類ニ關シ必要ナル處分ノ意見左ノ如シ
一　戸籍簿及除籍簿ハ監督區裁判所ニ保存セル副本ヲ謄寫シ之ヲ再製スルコト
二　監督區裁判所保存ノ戸籍簿副本ニ記載ナキ事項ニ付テハ屆出人ヲシテ、同區裁判所保存ノ屆書ニ付キ謄寫セシメ更ニ屆出ヲ爲サシメ之ヲ戸籍ニ記載スルコト

三　前記第二ノ戸籍ニ關スル屆書ニ付テハ一定ノ時期ヲ定メ其期間內ニ屆出人ヲシテ更ニ屆出ヲ爲サシメ之ヲ戸籍ニ記載スルコト

四　身分登記簿ニ關シテハ一々詳細ナル實地調査ノ上再製スルコト及ヒ監督區裁判所ニ保存スル帳簿ニ付テ謄寫複製シテ夫レヲ對照シ記載スルコト

右戸籍法第十五條及戸籍法施行細則第三十三條第一項ニ依リ申報候也

年　月　日

何市町村區長　何　某 ㊞

何區裁判所判事　何　某　殿

本書式《ほんしよしき》の法文《はふぶん》は單《たん》に戸籍簿及除籍簿《こせきぼおよびちよせきぼ》の滅失《めつしつ》したる場合《ばあひ》のみを規定《きてい》しあれども、監督上詳細《かんとくじやうしやうさい》に報告《はうこく》を要《えう》する場合《ばあひ》を想像《さうざう》し其例《そのれい》を示《しめ》したるなり、故《ゆゑ》に混雜《こんざつ》の場合《ばあひ》には單《たん》に戸籍簿及除籍簿《こせきぼおよびちよせきぼ》のみを記載《きさい》するも妨《さまた》げなきなり。

其　三

戸籍簿《こせきぼ》及《およ》び除籍簿《ちよせきぼ》の全部《ぜんぶ》又《また》は一部《ぶ》が滅失《めつしつ》する虞《おそ》れある時《とき》に、市町村區長《しちやうそんくちやう》が監督區裁判所《かんとくくさいばんしよ》へ申報《しんぽう》する書式《しよしき》の書方《かきかた》。

戸籍簿又ハ除籍簿滅失危虞ノ申報

何年何月何日ノ暴風雨ノ爲メ當町（又ハ市、村）ヲ貫流スル何々川未曾有ノ増水ヲ來シ、遂ニ何月何日當役場ヨリ東南三町ヲ隔タル大字何々ノ堤防決壞シ河水氾濫シ、當役場ハ浸水軒ニ及フニ至レリ、時恰モ深夜ノ二時ニシテ燈火亦十分ナラス吏員其他決死ノ防禦モ効ナク遂ニ戸籍簿及除籍簿其他戸籍ニ關スル書類ハ悉ク濁水ノ浸潤スル所ト爲リタリ、天候回復漸次減水スルニ及ヒ諸員ヲ督シテ夫々適宜ノ方法ニテ搬出調査ヲ遂ケタルニ幸ニシテ流失セシモノナキモ、左ニ掲ケタル書類ハ、浸潤ニ因ル紙質ノ脆化、紙片相互ノ固着、漸次ノ腐蝕等ニ因リ、到底日々ノ使用ニ堪ヘサルノミナラス、遂ニ滅失スルノ虞アリ

（又ハ何年何月何日當役場ニ備付ノ戸籍ニ關スル書類中蟲害ヲ被リタルモノアルヲ發見シ、之ヲ取調タルニ左ニ掲クル書類ハ其被害甚タシク此儘ニ置クトキハ遂ニ滅失ノ虞アリ、又ハ其他ノ理由何々）

一　戸　籍

　大字何々ノ内　何番地ヨリ何番地ニ至ルモノ　壹　冊

　同　何々ノ部　壹冊

二　除籍簿全部　何冊

三　戸籍見出帳　いヨリかニ至ル分　壹冊

四　其他何々　　何冊

右滅失ノ虞アル書類ニ關シ必要ナル處分ノ意見左ノ如シ

一　戸籍簿及除籍簿ハ直チニ謄寫シテ再製スルコト、若シ謄寫ニ差支ヘルモノアルトキハ監督區裁判所ニ保存セル副本ヲ謄寫シ之ヲ再製スルコト

右戸籍法第十五條及戸籍法施行細則第三十四條、第三十三條第一項ニ依リ及申報候也

年　月　日

何市町村長　何　某㊞

何區裁判所判事　何　某　殿

其　四

市町村長《しちやうそんちやう》が戸籍《こせき》に關《くわん》する書類《しよるゐ》の廢毀《はいき》の認許《にんきよ》を請求《せいきう》する書式《しよしき》の例《れい》。

本例《ほんれい》は市町村長《しちやうそんちやう》が保存期間《ほぞんきかん》を經過《けいくわ》した帳簿《ちやうぼ》或《あるひ》は書類《しよるゐ》を廢毀《はいき》せんとする時《とき》の認許請求書《にんきよせいきうしよ》の例《れい》である。

戸籍ニ關スル帳簿書類廢毀認可請求

當役場備付ノ別紙目録ニ掲クル帳簿及書類ハ何レモ戸籍法施行細則第四十五條以下ニ規定セル保

存期間ヲ經過セルモノナル處、之ヲ藏置セル倉庫狹隘ナルニ依リ廢毀致度ニ付キ認可相成度、別紙目錄ヲ附シ此段請求致シ候也

年　月　日

何市町村長　何　某　㊞

何區裁判所判事　何　某　殿

戸籍ニ關スル帳簿書類廢毀目錄

當役場備付ノ戸籍ニ關スル帳簿書類ニシテ何年何月廢毀スルモノ左ノ如シ

	當該年度ノ翌年	保存期間滿了ノ年	同上後ノ年數
一　除籍簿			
何年度除籍簿　壹冊	何年	何年	何年
大字何々何番地　戸主　何　某			
大字何々何番地　戸主　何　某			
……			
何年度除籍簿　壹冊	何年	何年	何年
大字何々何番地　戸主　何　某			
……			

二　戸籍法第三十六條第二項ノ書類	何年	何年	何年
胎兒認知屆　屆出人　何　某			
胎兒死體分娩屆　屆出人　何　某			
…………			
三　受附帳			
何年度分　壹冊	何年	何年	何年
何年度分　壹冊	何年	何年	何年
…………			
四　舊戸籍法第二百二十一條第一項ニ依リ戸籍ヲ改正シタル場合ニ於ケル原戸籍			
大字何々ノ部　壹冊	何年	何年	何年
何番地　戸主　何　某			
何番地　戸主　何　某			
何番地　戸主　何　某			
…………			
…………			
大字何々ノ部　貳冊	何年	何年	何年

何番地　　戸主　何　某
何番地　　戸主　何　某
何番地……

其　五

市町村長《しちやうそんちやう》の職權《しよくけん》で戸籍抹消《こせきまつせう》の許可請求書《きよかせいきうしよ》の例《れい》、復籍《ふくせき》を拒絶《きよぜつ》せられたる者《もの》が死亡其他《しばうそのた》復籍《ふくせき》することなきに至《いた》りたるとき、市町村長《しちやうそんちやう》より職權《しよくけん》を以《もつ》て復籍事項《ふくせきじかう》の抹消《まつせう》を爲《た》す許可請求書《きよかせいきうしよ》の例《れい》。

職權ヲ以テスル戸籍抹消許可請求

請求者　何市町村區長　何　某

請求ノ趣旨

何府縣何郡市區町村大字何々何番地戸主何某ノ戸籍中同人弟音五郎ノ復籍拒絕ニ關スル事項ヲ抹消スルコトノ戸籍訂正ノ許可ヲ求ム

請求ノ原因タル事實

何府縣何郡市區町村大字何々何番地戸主何某ノ弟音五郎ハ戸主ノ同意ヲ得スシテ何年何月何日何府縣何郡市區町村何番地戸主何ノ誰妹君枝ト婚姻ヲ爲シタル爲メ、何年何月何日右戸主何某ヨリ復籍ヲ拒絶セラレ其復籍拒絶ニ關スル事項別紙戸籍謄本ノ如ク右戸主何某ノ戸主何某ノ戸籍ニ記載アリ、然ルニ右音五郎ハ別紙實家戸主何某及何ノ誰ノ陳述書ノ如ク何年何月何日死亡シタルコト明カナルニ拘ラス、其屆出ヲ爲ス者ナク別紙戸籍謄本ノ如ク右ノ復籍拒絶ニ關スル事項戸籍ニ記載シアリ、然レトモ既ニ右音五郎ノ死亡シタルコト明カニシテ右ノ屆出ヲ爲ス者ナキ以上、其復籍拒絶ニ關スル事項ハ本職ノ職權ヲ以テ之ヲ抹消セサル可カラサルニ至リ即チ戸籍法第十四條第三項、第六十四條第三項及第三十九條第二項ニ依リ、茲ニ右復籍拒絶ニ關スル事項抹消ノ爲メ戸籍抹消ノ許可ノ請求ニ及ヒタリ

立證方法

一　戸籍謄本ヲ以テ復籍拒絶ニ關スル事項ノ記載ヲ證ス
二　音五郎戸主何某ノ陳述書及何ノ誰ノ陳述書ヲ以テ音五郎ノ死亡ヲ證ス
三　戸籍謄本ヲ以テ死亡ノ屆出ヲ爲スモノナク猶ホ戸籍ニ復籍拒絶ノ事項ノ記載シアルコトヲ證ス

添付書類

一　本職ノ作製ニ係ル戸籍謄本　壹通
二　音五郎戸主何某及君枝ノ戸主何ノ誰ノ陳述書　貳通

三　君枝ノ戸主在住地ノ何々町村區長作成ニ係ル戸籍謄本　壹　通

年　月　日　右請求者　何市區町村長　何　某　㊞

何區裁判所判事　何　某　殿

此《こ》の例《れい》は復籍《ふくせき》を拒絶《きよぜつ》されたる者《もの》が死亡《しばう》したる場合《はあひ》のものを示《しめ》したのである。

其　六

市町村長《しちやうそんちやう》が戸籍《こせき》の記載《きさい》に違法錯誤《ゐはふさくご》又《また》は遺漏《ゐろう》ある事《こと》を發見《はつけん》した場合《ばあひ》に、屆出人《とゞけいでにん》又《また》は屆出事件《とゞけいでじけん》の本人《ほんにん》に出《いだ》す可《べ》き通知書《つうちしよ》の例《れい》。

戸籍記載違法發見通知書

何年何月何日屆出ニ係ル何々ノ屆出ニ基ク戸籍ノ記載ニ左ノ法律上許スヘカラサルモノアルコトヲ發見セリ

一何　々

右通知ニ及ヒ候也

年　月　日

何市區町村長　何　某　㊞

何府縣何郡市區町村何番地
屆出人　何　某　殿
（又ハ）屆出事件本人　何　某　殿

其　七

戸籍記載錯誤發見通知書

何年何月何日屆出ニ係ル婚姻屆ニ基ク戸籍ノ記載ニ左ノ錯誤アルコトヲ發見セリ
一　妻さいノ父母トノ續柄ニ四女トアルハ二女ノ錯誤
一　妻さいノ出生ノ年月日何年何月何日トアルハ何年何月何日ノ錯誤
右妻ノ本籍地市（町村）長ニ屆書ヲ送付シタルニ前記ノ錯誤アル旨ヲ以テ屆書ヲ返付シ來リタルニ因リ錯誤ヲ發見シタリ（此の記載は通知者の隨意である）
右及通知候也

年　月　日　　何市區町村長　何　某　㊞

何府縣郡市區町村何番地
屆出人　何　某　殿
屆出人　何　某　殿（事件本人ノさい）

其八

戸籍記載遺漏發見通知書

何年何月何日屆出ニ係ル入籍屆ニ基ク戸籍ノ記載ニ左ノ遺漏アルコトヲ發見セリ
一　入籍者何某ノ長男何ノ誰ノ何某ニ隨ヒ其家ニ入籍スル入籍ニ關スル事項
右及通知候也

年　月　日

東京市何區長　何　某　㊞

東京市何區何町何番地
屆出人　何　某　殿

此《こ》の屆《とゞけ》に對《たい》する記載《きさい》の遺漏《ゐろう》は市町村長《しちやうそんちやう》の過誤《くわご》でない場合《ばあひ》の例《れい》である。

若《も》し市町村長《しちやうそんちやう》の過誤《くわご》である場合《ばあひ》には別段屆出人《べつだんとゞけいでにん》に通知《つうち》する必要《ひつえう》なく、市町村長《しちやうそんちやう》自《みづか》ら區裁判所《くさいばんしよ》の許可《きよか》を得《え》て訂正《ていせい》すればよいのである。

其九

市町村長《しちやうそんちやう》が職權《しよくけん》による戸籍訂正許可請求書《こせきていせいきよかせいきうしよ》の例《れい》であるが、本例《ほんれい》は戸籍記載《こせききさい》の錯誤《さくご》を發見《はつけん》して屆《とゞけ》出人《いでにん》に其通知《そのつうち》を出《だ》したけれども、届出人《とゞけいでにん》が訂正《ていせい》の申請《しんせい》もせず、又《また》は届出人《とゞけいでにん》に通知《つうち》をする事《こと》も出來《でき》ない時《とき》に、市町村長《しちやうそんちやう》が職權訂正《しよくけんていせい》の爲《た》め許可請求《きよかせいきう》をする例《れい》である。

職權ヲ以テスル戸籍訂正許可請求（其一）

請求者　京都府南桑田郡龜岡町長　何　某

請　求　ノ　趣　旨

何年何月何日届出人谷戸利一、妻谷戸つる子ノ届出ニ因リ同日本職ノ記載シタル京都府南桑田郡龜岡町字西町二番地戸主谷戸利一ノ戸籍中妻つる子ノ戸籍ノ父母トノ續柄ニ「四女」トアルヲ「三女」ニ、出生ノ欄「明治三十七年八月三日」トアルヲ「明治三十七年三月八日」ト訂正スルコトノ戸籍訂正ノ許可ヲ求ム

請求ノ原因タル事實

右請求者ハ何年何月何日京都府南桑田郡龜岡町字西町二番地戸主谷戸利一、妻つる子ノ婚姻届出ニ因リ其届出ヲ受理シタルニ、其届書ニハ別紙届書謄本ノ如ク妻つる子ノ父母トノ續柄ヲ「四女」其出生ノ年月日ヲ明治三十七年八月三日ト記載アリ、依リテ同日此届書ニ基キ別紙戸籍謄本ノ如ク戸籍ノ記載ヲ了シ、届書ノ一通及入籍通知書ヲ妻ノ本籍地ナル京都府南桑田郡千代川村長ニ送付シタルニ、千代川村長ハ之ヲ妻ノ戸籍ニ對照シタル結果、別紙返付書記載ノ如ク右「四女」ト

アルハ「三女」、「明治三十七年八月三日」トアルハ「明治三十七年三月八日」ニシテ戸籍ト符合セストシ、何年何月何日右屆書ノ一通ヲ本職ニ返付シ來レリ、之ニ依リテ見レハ屆出人ノ屆書記載ノ錯誤ヨリ延テ本職記載ノ戸籍ニ錯誤ヲ來シタルモノナリ、依リテ戸籍法第三十九條第一項ニ依リ何年何月何日別紙通知書ノ如ク屆出人谷戸利一及妻つる子ニ對シ錯誤發見ノ通知ヲ爲シタルニ屆出人ハ今日ニ至ルモ戸籍訂正ノ申請ヲ爲サス（又ハ錯誤ノ發見ノ通知ヲ爲シタルニ別紙使丁復命書ノ如ク何年何月何日某所ニ轉居シタル趣ナルヲ以テ更ラニ何年何月何日同所ニ宛テ通知ヲナシタルモ別紙郵便物返送附箋ノ如ク受取人居住ナキ故ヲ以テ通知書ヲ返戻シ來リ居所不明ニシテ遂ニ通知ヲ爲スコト能ハス）玆ニ本職ノ職權ヲ以テ右戸籍ノ訂正ヲ爲ス必要ヲ生シ即チ戸籍法第三十九條第一項ニ準據シ右戸籍ノ訂正許可ヲ得ン爲メ本請求ニ及ヒタリ

立證方法

一　谷戸利一、妻つる子ノ婚姻屆書謄本ヲ以テ屆出及其記載ノ錯誤ヲ證ス
二　戸籍謄本ヲ以テ戸籍記載ノ現在及其錯誤ヲ證ス
三　千代川村長ノ返付書ヲ以テ戸籍記載ノ錯誤ヲ證ス
四　戸籍記載錯誤發見通知書謄本ヲ以テ其通知ヲ證ス
（又ハ通知書、使丁復命書、郵便物返還附箋ヲ以テ通知ノ不能ヲ證ス）

添付書類

一　婚姻屆書謄本　壹通

二　戸籍謄本　壹通
三　千代川村長ノ返付書　壹通
四　戸籍記載錯誤發見通知書（又ハ使丁復命書、郵便物返還附箋）　壹通

年　月　日

右請求者　京都府南桑田郡龜岡町長　何　某 ㊞

京都區裁判所判事　何　某　殿

其十

市町村長《しちやうそんちやう》が職權《しよくけん》を以《も》つて訂正許可《ていせいきよか》を請求《せいきう》する書式《しよしき》。但《たゞ》し此《こ》の例《れい》は、市町村長《しちやうそんちやう》自《みづか》らの過誤《くわご》によつて戸籍《こせき》の記載《きさい》に遺漏《ゐろう》ある事《こと》を發見《はつけん》した場合《ばあひ》に、職權《しよくけん》に因《よ》る訂正《ていせい》をなす爲《た》めの許可請求《きよかせいきう》をする時《とき》のもの。

職權ヲ以テスル戸籍請求許可請求（其二）

請求者　靜岡市長　何　某

請求ノ趣旨

靜岡市鷹匠町五番地戸主遠藤利三郎ノ戸籍ニ左ノ記載ノ遺漏ヲ補記スルコトノ戸籍訂正ノ許可ヲ求ム

父北川利次　母こま長男
愛知縣東春井郡篠木村大泉
寺新田六番地戸主北川利澄　甥ノ子　利　長
長男父利次ニ隨ヒテ入籍父
利次屆出何年何月何日受附　生年月日

請求ノ原因タル事實

右請求者ハ何年何月何日横濱市神奈川區長ヨリ同月何日同區長ニ屆出テタル愛知縣東春日井郡篠木村大泉寺新田六番地北川利次ノ家ヲ廢シ靜岡市鷹匠町五番地戸主遠藤利三郎ノ家ニ入籍スル別紙入籍屆謄本ノ送付ヲ受ケタルニ因リ同日直チニ別紙戸籍謄本ノ如ク戸籍ノ記載ヲ了シ同日別紙謄本ノ如ク入籍通知書ヲ利次ノ本籍地ナル愛知縣東春日井郡篠木村長ニ送付シタリ、然ルニ右利次ニハ前記ノ長男利長アリ戸主利次ノ廢家シテ遠藤利三郎ノ家ニ入籍スルニ當リ民法第七百六十三條ニ依リ、右利次ニ隨ヒテ利三郎ノ家ニ入ルヘキモノナルニ、右入籍通知書ニハ其記載ナキ旨通知アリ、依テ取調ヘタルニ右利次ノ入籍屆書ニハ別紙其謄本ノ如ク利次ニ隨ヒテ其家ニ入ルヘキ者トシテ前記請求ノ趣旨ニ記載セル事項ノ記載アリタルモ、戸籍記載ノ際本職ノ過誤ニ因リ右利長ニ關スル事項ノ記載ヲ遺脱シ、之ヲ戸籍ニ記載スルヲ遺漏シタル事明カニナレリ茲ニ本職ノ職權ヲ以テ右遺漏ヲ補充スル爲メ戸籍ヲ訂正ナス必要生シ即チ戸籍法第三十九條第二項ニ依リ

右戸籍訂正ノ許可ヲ請フ爲メ玆ニ本請求ニ及ヒタリ

立　證　方　法

一　北川利次ノ入籍屆ノ謄本ヲ以テ、利長ノ入籍及屆書ニ其記載アリシコトヲ證ス

二　戸籍謄本及篠木村長ノ通知書ヲ以テ、利長ノ入籍ノ記載ノ遺漏ヲ證ス

添　付　書　類

一　入籍屆書謄本　壹通

二　戸　籍　謄　本　壹通

三　篠木村長ノ通知書　壹通

年　月　日

右請求者　靜岡市長　何　某　㊞

靜岡區裁判所判事　何　某　殿

其十一

親權事項《しんけんじかう》を戸籍《こせき》に記載《きさい》せられてある者《もの》が成年《せいねん》に達《たつ》したる時《とき》に、市町村長《しちやうそんちやう》の職權《しよくけん》を以《も》つて抹消《まつせう》する爲《た》めの許可請求《きよかせいきう》をなす書式《しよしき》。

職權ヲ以テスル戸籍訂正請求許可（其三）

請求者　京都市上京區長　何　某

請求ノ趣旨

京都市中京區東洞院錦上ル明舟町六番地戸主武田友治長男比呂志ノ戸籍中親權ニ關スル事項ノ記載ヲ抹消スルコトノ戸籍訂正ノ許可ヲ求ム

請求ノ原因タル事實

京都市中京區東洞院錦上ル明舟町六番地戸主武田友治長男比呂志ノ戸籍事項欄ニ何年何月何日父友治親權喪失ノ裁判確定ニ因リ母富代親權ヲ行フ旨ノ記載アリ、然ルニ右比呂志ハ何年何月何日ヲ以テ成年ニ達シタルヲ以テ、親權ニ服セサル者ト爲リタルニ因リ茲ニ右親權ニ關スル事項ノ記載ハ之ヲ抹消スルノ必要ヲ生セリ、依テ茲ニ本職ノ職權ヲ以テ右記載ヲ抹消スル戸籍訂正ノ許可ヲ求ムル爲メ、本請求ニ及ヒタリ

立證方法

一　戸籍謄本ヲ以テ右ノ事實ヲ立證ス

添付書類

一　武田比呂志戸籍謄本　壹通

年　月　日

右請求者　京都市中京區長　何　某　㊞

京都區裁判所判事　何　某　殿

其十二

官廳《くわんちやう》又《また》は吏員《りゐん》が其《そ》の職務上《しよくむじやう》、戸籍《こせき》の違法《ゐはふ》、錯誤或《さくごあるひ》は遺漏《ゐろう》ある事《こと》を發見《はつけん》し又《また》は知《し》りたる場合《ばあひ》に其事《そのじ》件本人《けんほんにん》の本籍地《ほんせきち》市町村長《しちやうそんちやう》に爲《す》る通知書《つうちしよ》の例《れい》、此《こ》の通知《つうち》は發見《はつけん》と同時《どうじ》に遲滯《ちたい》なく出《だ》さなければならない事《こと》になつてゐる。

戸籍記載ノ違法發見通知書

東京市神田區東龍閑町三番地

戸主　何　某（又ハ戸主何某ノ何々何某）

右ノ戸籍記載ニ左ノ法律上許ス可カラサルモノアリ

一　何　々

右ハ當廳ニ繫屬セル何々訴訟事件審理上之ヲ知リタリ

右戸籍法第三十九條第三項ニ依リ及通知候也

年　月　日

何裁判所判事（又ハ檢事）

（又ハ何市町村長若クハ何々）　何　某　㊞

戸籍法ニ關スル書式（其十二）　二六

東京市神田區長　何　某　殿

戸籍記載ノ錯誤發見通知書

東京市神田區淡路町五番地
戸　主　何　　某（又ハ戸主何某ノ何々何某）

右ノ戸籍記載ニ左ノ錯誤アリ
一　何　　々
右ハ當役場ニ提出セル戸籍謄本ト何々トヲ對照ノ結果之ヲ發見シタリ
右戸籍法第三十八條第三項ニ依リ及通知候也
年　月　日
何市町村長　何　　某　㊞
東京市神田區長　何　某　殿

戸籍記載ノ遺漏發見通知書

靜岡縣志太郡燒津町五番地
戸　主　何　　某（又ハ戸主何某ノ何々何某）

右ノ戸籍記載ニ左ノ遺漏アリ
一 何 々
右ハ「何々ノ事由」ニ依リ之ヲ發見シタリ（又ハ此記載ハ之ヲ爲サヽルモ何等妨ケナキモ參考ノ爲メニ之ヲ記載スルハ可ナリト信ス）
右戸籍法第三十九條第三項ニ依リ及通知候也

年　月　日

何市町村長　何　某　㊞

靜岡縣志太郡燒津町長　何　某　殿

其　十　三

市町村《しちやうそん》の區域《くゐき》が變更《へんかう》された場合《ばあひ》の戸籍《こせき》及之《およびこれ》に關《くわん》する書類引繼《しよるゐひきつぎ》の例《れい》。

戸籍及之ニ關スル書類引繼書

本年內務省（又ハ何府縣）告示第何號町村ノ區域變更ニ關スル件ニ依リ本市町村ヨリ貴市町村ニ屬セシ區域ニ屬スル戸籍及之ニ關スル書類戸籍法第四十二條ニ依リ引繼ヲ爲スコト左ノ如シ

一　戸　籍　簿　　　壹　冊
一　何市町村大字何々ノ部

戸籍法ニ關スル書式（其十三）

一　同大字何々ノ内　何番地ヨリ何番地ニ至ル　戸籍數　何個

二　除　籍　簿　戸籍數　何通

三　戸　籍　見　出　帳　（拔記）　壹冊

四　除　籍　見　出　帳　（拔記）　壹冊

五　受　附　帳　（何年度分拔記）　壹冊

六　戸籍法第三十六條第二項ノ書類　壹冊

七　本籍不明又ハ本籍ナキ者ノ屆書其他ノ書類　壹冊

八　戸籍簿ノ閲覽、戸籍謄本抄本交付請求ノ書類　壹冊

九　屆出ノ受理不受理ノ證明書請求ニ關スル書類　壹冊

十　戸籍記載ノ錯誤遺漏ニ關スル書類　壹冊

十一　屆出懈怠通知書及催告ニ關スル書類　壹冊

十二　戸籍施行前ノ戸籍ニ關スル書類　壹冊

（戸籍法施行前ノ戸籍簿、除籍簿、身分登記簿、登記目錄、受附帳、後見人ニ關スル書類

一々列記スヘシ）

十三　其　他　何　々

右引繼候也

年　月　日

靜岡市長　何　某　㊞

靜岡縣三島郡何々村長　何　某　殿

其十四

戸籍及之《こせきおよびこれ》に關《くわん》する書類《しよるゐ》の引繼書《ひきつぎしよ》は前示《ぜんじ》其《その》十三に示《しめ》したが、其《そ》の引繼書《ひきつぎしよ》に對《たい》して受繼書《うけつぎしよ》を出《いだ》さなくてはならぬ、本例《ほんれい》は前示《ぜんじ》の書式《しよしき》に對《たい》する受繼者《うけつぎしよ》の例《れい》。

戸籍及之ニ關スル書類受繼書

本年内務省(又ハ何府縣)告示第何號市町村ノ區域變更ニ關スル件ニ依リ貴市ヨリ本村ニ屬セシ區域ニ關スル戸籍及之ニ關スル書類戸籍法第四十二條ニ依リ引繼ヲ受クルコト左ノ如シ

一　戸籍簿（以下列記スルコト前示引繼書ノ通リ）

右引繼ヲ受ケ候也

年　月　日

靜岡縣三島郡何々村長　何　某　㊞

靜岡市長　何　某　殿

其十五

其《その》十三及《およ》び其《その》十四に示《しめ》せる引繼書《ひきつぎしよ》と受繼書《うけつぎしよ》を合《あは》せて一通《つう》となしたるものゝ例《れい》。

戸籍及之ニ關スル書類引繼書

本年内務省（又ハ何府縣）告示第何號市町村ノ區域變更ニ關スル件ニ依リ靜岡市ヨリ何々村ニ屬セシ區域ニ關スル戸籍及之ニ關スル書類別紙目錄ノ通リ戸籍法第四十二條ニ依リ引繼ヲ了セリ

年　月　日

引繼者　靜岡市長　何　某㊞

引繼ヲ受ケタル者　靜岡縣三島郡何々村長　何　某㊞

（別紙《べつし》引繼書類目錄《ひきつぎしよるゐもくろく》には其《その》十三に示《しめ》したる書類《しよるゐ》の列記《れつき》を要《えう》す）

此《こ》の一通《つう》にて引繼書《ひきつぎしよ》と受繼書《うけつぎしよ》を兼《か》ねる書式《しよしき》の時《とき》は之《これ》を二通作成《つうさくせい》し各其《かくその》一通《つう》を保管《ほくわん》しなければならぬ。

其十六

戸籍《こせき》及《および》其《その》關係《くわんけい》書類《しよるゐ》の引繼《ひきつぎ》が完了《くわんれう》した時《とき》には受繼者《うけつぎしや》である市町町長《しちやうそんちやう》から、管轄《くわんかつ》區裁判所《くさいばんしよ》へ報告《はうこく》を出《だ》さねばならぬ、本例《ほんれい》はそれを示《しめ》す。

戸籍及之ニ關スル書類引繼完了報告書

本年内務省（又ハ何府縣）告示第何號市町村ノ區域變更ニ關スル件ニ依リ靜岡市長ヨリ本村ニ屬セシ區域ノ戸籍及之ニ關スル書類、戸籍法第四十二條ニ依リ右兩市長、村長間ニ於テ何年何月何日引繼ヲ完了シタルニ依リ戸籍法施行細則第三十條第一項ニ依リ及報告候也

年　月　日

靜岡縣三島郡何々村長　何　某　㊞

何區裁判所判事　何　某　殿

其十七

屆出人《とゞけいでにん》が口頭《こうとう》で屆出《とゞけで》た場合《ばあひ》に、其陳述《そのちんじゆつ》を市町村長《しちやうそんちやう》が筆記《ひつき》して、それを戸籍簿《こせきぼ》に記載《きさい》する書式《しよしき》の例《れい》。

口頭屆出ノ場合陳述ノ筆記

出生屆

何府縣何郡何市町村何番地　戸主　何某
母　何業　何某
出生子　私生子　男　某
出生ノ時　何年何月何日午前何時
出生ノ場所　何府縣何郡市町村何番地
屆出人　母　何某
生年月日

右屆出人ノ陳述ヲ筆記シ屆出人ニ讀聞セタルニ相違ナキ旨ヲ申立テ署名捺印シタリ

年月日　何某㊞
何府縣何郡市町村長　何某㊞

右《みぎ》の他認知《ほかにんち》、緣組《えんぐみ》、婚姻《こんいん》、離緣《りえん》、離婚《りこん》、等屆出《とうとゞけいで》の如何《いかん》に拘《かゝ》はらず、屆出事件《とゞけいでじけん》の種類《しゆるゐ》に依《よ》りて各《かく》屆書《とゞけしよ》の書式《しよしき》の如《ごと》く記載《きさい》したる上《うへ》、最終《さいしう》にある貳行《ぎやう》を書《か》き添《そ》へて署名捺印《しよめいなついん》すればよいのである。

其十八

市町村長《しちやうそんちやう》が戸籍《こせき》に關《くわん》する屆出《とゞけいで》又《また》は申請《しんせい》に對《たい》して其《そ》の義務《ぎむ》を怠《おこた》りたる者《もの》があることを知《し》つた時《とき》に監督區《かんとくく》裁判所《さいばんしよ》に爲《な》す通知書《つうちしよ》の例《れい》。

戸籍ニ關スル屆出（申請）懈怠通知書

何府縣何郡市區何町村何番地
屆出義務者　何　某

右何年何月何日父何某ノ死亡（又ハ長男何某ノ出生、或ハ何某ノ本籍分明、若クハ何某ノ就籍、私生子認知ノ裁判、遺言ニ因ル認知、緣組取消ノ裁判、離緣ノ裁判、婚姻取消ノ裁判、離婚ノ裁判、親權又ハ管理權ノ喪失、失權喪失宣告取消、後見開始、後見人更迭又ハ終了、保佐人就職若クハ更迭或ハ終了、失踪宣告、推定家督相續人ノ廢除又ハ廢除取消ノ裁判、指定家督相續人ノ死亡、一家創立、歸化、國籍回復、氏名變更、族稱變更、襲爵、族稱喪失、棄兒引取ノ場合ノ出生及戸籍訂正、家督相續胎兒死體分娩、家督相續回復、國籍喪失、戸籍訂正許可、其他何々ノ事由）アリ、其父（又ハ母、或ハ戸主、同居者其他何々ノ關係者）トシテ戸籍法第七十二條（又ハ第何條）ニ依リ其出生ノ屆出（又ハ死亡其他何々ノ屆出若クハ申請）ヲ爲スヘキ屆出（又ハ申請）ノ義務者ナルニ拘ラス、其法定屆出（又ハ申請）期間タル何年何月何日ヲ過キルモ其屆出（又ハ申請）ヲ爲サス

右ハ何年何月何日當役場（又ハ區役所、市役所）ニ提出セル「何々」ノ屆出（又ハ申請或ハ願出）ニ依リ之ヲ知リタリ（又ハ何々）

右戸籍法施行細則第四十二條ニ依リ及通知候也

年　月　日

何府縣何市區何町村長　何　某 ㊞

何々區裁判所判事　何　某　殿

本通知《ほんつうち》書文中《しよぶんちう》の最終《さいしう》より二ツ目《め》の「右ハ何年何月何日當役場」云々《うんぬん》の字句《じく》は之《これ》を記載《きさい》するも、せざるも何等《なんら》違法《ゐはふ》とはならざるも、參考《さんかう》の爲《た》め記載《きさい》するは記載《きさい》せざるよりも可《か》ならんと思《おも》はれるが爲《た》めに、本例《ほんれい》には之《これ》を記載《きさい》して示《しめ》せるなり。

其十九

戸籍《こせき》に關《くわん》する屆出《とゞけいで》を怠《おこた》りたる者《もの》ありて、其《そ》の市町村長《しちやうそんちやう》より催告狀《さいこくじやう》を發《はつ》したるにも拘《かゝ》はらず其催《そのさい》告《こく》の期間内《きかんない》に屆出又《とゞけいでまた》は申請《しんせい》を怠《おこた》りたる場合《ばあひ》の懈怠者《けたいしや》の通知書《つうちしよ》の例《れい》。

戸籍ニ關スル屆出（申請）懈怠通知書

新潟縣南蒲原郡森町村字棚鱗百貳拾五番地
屆出義務者　何　某

右何年何月何日其長女何某出生（又ハ父何某死亡其他何々前號ニ示セル書式參看）シ其父（又ハ何々）トシテ戸籍法第七十二條（又ハ第何條）ニ依リ其出生（又ハ何々）ノ屆出ヲ爲スヘキ屆出義務者ナルニ拘ハラス其法定ノ期間タル何年何月何日マテニ屆出ヲ爲サス、依リテ何年何月何日附ヲ以テ同月何日マテニ屆出ヲ爲スヘキ旨ノ催告ヲ爲スヘキ旨ノ催告ヲ爲シタルモ其期間内ニ猶ホ屆出ヲ爲サス

右戸籍法施行細則第四十二條ニ依リ及通知候也

年　月　日

新潟縣南蒲原郡森町村長　何　某　㊞

新潟區裁判所三條出張所判事　何　某　殿

其二十

同上《どうじやう》の例《れい》ではあるが指定《してい》の期間内《きかんない》に屆出《とゞけいで》の追完《ついくわん》を怠《おこた》りたる場合《ばあひ》の通告書《つうこくしよ》の例《れい》。

戸籍ニ關スル屆出（申請）追完懈怠者通知書

大阪市東區高麗橋三丁目四番地

屆出義務者　坤野六三郎

右坤野六三郎ハ何年何月何日何々ノ屆出（又ハ申請）ヲ爲シタルモ何々ノ欠缺アル爲メ戸籍ノ記載ヲ爲スコト能ハス、依リテ何年何月何日附ヲ以テ同月何日マテニ追完スヘキ旨ノ催告ヲ爲シタルモ右指定ノ期間内ニ追完ヲ爲サス

右戸籍法施行細則第四十二條ニ依リ及通知候也

年　月　日

大阪市東區長　何　某　㊞

大阪區裁判所判事　何　某　殿

其二十一

屆出《とゞけいで》又《また》は申請《しんせい》の催告狀《さいこくじやう》の書《か》き方《かた》。

催　告　狀

何々ノ屆出（又ハ申請）可相成處未タ其手續無之ニ付キ來ル何月何日迄ニ右屆出（又ハ申請）可相成此段及催告候也

追テ右期間内ニ手續無之場合ハ過料ニ處セラルルコトアルヘキニ付及注意候

年　月　日

何市町村區長　何　某　㊞

本籍（又ハ所在）何府縣郡市區町村何番地

何　某　殿

其二十二

屆出《とゞけいで》又《また》は申請《しんせい》をした者《もの》が其書式《そのしよしき》が完備《くわんび》せぬ爲《た》めに市町村長《しちやうそんちやう》がその屆出《とゞけいで》又《また》は申請《しんせい》を戸籍《こせき》に記載《きさい》する事《こと》が出來《でき》ぬ爲《た》めに其《そ》の屆出者《とゞけいでしや》又《また》は申請者《しんせいしや》に追完《ついくわん》の催告狀《さいこくじやう》を出《だ》す場合《ばあひ》の書式《しよしき》。

追完催告狀

何年何月何日屆出（又ハ申請）ノ何々屆ハ何々ノ欠缺アル爲メ戸籍ノ記載ヲ爲スコト能ハサルニ付何月何日迄ニ追完相成度此段及催告候也

追而右期間内ニ追完ノ手續無之ニ於テハ過料ニ處セラルルコトアルヘキニ付及注意候也

年　月　日

本籍（又ハ所在）何市何町何番地

何市町村長　何　某　㊞

何　某　殿

其　二　十　三

屆出《とゞけいで》又《また》は申請《しんせい》の第《だい》二回以後《くわいいご》の催告狀《さいこくじやう》の書《か》き方《かた》。

催　告　狀

何年何月何日附ヲ以テ何年何月何日マテニ何々屆（又ハ申請、或ハ其追完）ヲ爲スヘキ旨及催告候處未タ其手續無之ニ付キ來ル何月何日迄ニ右屆出（又ハ申請、或ハ其追完）可相成重ネテ（又ハ更ニ）及催告候也

追而右期間内ニ手續無之ニ於テハ過料ニ處セラルルコトアルヘキニ付及注意候也

年　月　日

何市區町村長　何　某　㊞

本籍（又ハ所在、寄留）何府縣何郡市區町村番地

何　某　殿

其二十四

職權《しよくけん》を以《もつ》てする戸籍《こせき》記載《きさい》の許可《きよか》請求《せいきう》の例《れい》であるが、本例《ほんれい》に示《しめ》すものは、既《すで》に死亡《しばう》した者《もの》が後《のち》に至《いた》つて戸籍《こせき》に生存《せいぞん》して居《ゐ》る事《こと》になつて居《を》り其屆出《そのとゞけいで》の催告《さいこく》をする事《こと》が能《あた》はざる時《とき》に市町村長《しちやうそんちやう》より其《その》抹消《まつせう》の爲《た》めに管轄區裁判所《くわんかつくさいばんしよ》にする許可《きよか》請求《せいきう》の例《れい》。

職權ヲ以テスル戸籍記載許可請求（其一）

請求者　愛知縣東春日井郡篠木村長　何　某

請求ノ趣旨

愛知縣東春日井郡篠木村大泉寺新田五百參拾五番地戸主春藤好太郎父幸一郎ノ戸籍ニ左ノ趣旨ノ記載ヲ爲シ及幸一郎ヲ除籍スルコトノ戸籍記載ノ許可ヲ求ム

一　昭和貳拾年九月拾五日ニ及ヒ場所不詳ニシテ且ツ死亡屆出ヲ爲ス者ナキニ依リ何年何月何日名古屋區裁判所大泉寺出張所ノ許可ニ依リ何年何月何日除籍

請求ノ原因タル事實

愛知縣東春日井郡篠木村大泉寺新田五百三拾五番地戸主春藤好太郎父幸一郎ハ別紙戸籍簿記載ノ如ク何年何月何日ノ出生ニシテ今日既ニ年齢二百拾九歳ニ達セリ、然カモ其戸籍ニ死亡ノ記載ナク生存者トシテ現存セリ、然カルニ別紙本役場書記何某ノ管内各戸別實地戸籍調査報告書（又ハ同所何某等ノ申立書又ハ何々」ニ依レハ既ニ何年何月何日場所及其詳細ハ不明ナルモ死亡シタル者ナルコト明カナリ、依リテ其死亡屆出義務者ニ對シテ死亡屆出ノ催告ヲ爲サントスルモ、是又右何某等ノ申立書（又ハ右書記ノ報告書）ノ如ク戸主好太郎ハ其所在不明ニシテ又其當時ノ同居者、家主、地主等屆出義務者ノ總テノ者ノ所在モ亦不明ナル爲メニ催告ヲ爲スコト能ハス（又ハ戸主好太郎若クハ屆出義務者中ノ者ニ對シ何年何月何日及何年何月何日ノ二回ニ亘リ死亡屆出ノ催告ヲ爲シタルモ指定期間ヲ經過スル五ケ月ノ今日ニ至ルモ猶其屆出ヲ爲サス）茲ニ本職ノ職權ヲ以テ右戸籍ノ訂正ヲ爲ス必要ヲ生シタルヲ以テ即チ戸籍法第六十四條第三項及第三十九條第二項ニ遵守シ右戸籍記載ノ許可ヲ求ムル爲メ本請求ニ及ヒタリ

立證方法

一　戸籍謄本ヲ以テ幸一郎ノ生存者トシテ記載アルコトヲ證ス

二　戸籍謄本ヲ以テ幸一郎ノ年齡ヲ計算シ其死亡ヲ推定スルモノナリ

三　篠木村書記何某ノ報告書（又ハ何某ノ申立又ハ何々）ヲ以テ幸一郎ノ死亡ヲ證ス

四　右三ノ報告書（又ハ何々ノ申立或ハ何々）ヲ以テ以テ屆出義務者ナク催告ヲ爲スコト能ハサルコトヲ證ス

添付書類

一　戸籍謄本　壹通

二　下谷區書記何某ノ報告書（又ハ何某ノ申立或ハ何々）　何通

年　月　日

右　請求者　愛知縣東春日井郡篠木村

村　長　何　某　㊞

名古屋區裁判所判事　何　某　殿

其二十五

市町村長《しちやうそんちやう》が職權《しよくけん》でする戸籍記載《こせききさい》の許可《きよか》を請求《せいきう》する書式《しよしき》であるが、本例《ほんれい》に示《しめ》す處《ところ》のものは單身戸主《たんしんこしゆ》が死亡《しばう》した場合《ばあひ》、市町村長《しちやうそんちやう》より職權《しよくけん》を以《も》つて絶家《ぜつか》の記載《きさい》をする爲《た》めの許可請求書《きよかせいきうしよ》の例《れい》である。

職權ヲ以テスル戸籍記載許可請求（其二）

請求者　富山市長　何　某

請　求　ノ　趣　旨

富山市曲輪五番地戸主本多有三ノ家ヲ絶家シタルモノトシ其記載ヲ抹消スルコトノ戸籍記載ノ許可ヲ求ム

請求ノ原因タル事實

前記富山市曲輪五番地戸主本多有三ハ別紙戸籍謄本記載ノ如ク何年何月何日死亡シタルモ右有三ハ單身戸主ニシテ法定又ハ推定ノ家督相續人ナク又死亡ノ日ヨリ既ニ滿一ヶ年ヲ經過スルモ家督相續人ヲ選定シテ其相續ノ屆出ヲ爲ス者ナキノミナラス別紙官報記載ノ如ク管理人何某（又ハ何區裁判所檢事何某）ノ民法第千五十八條ノ公告ニ對シ、其公告ニ指定スル期間内ニ相續ノ權利ヲ主張シ其屆出ヲ爲スモノナク右有三ノ家ハ絶家シタルモノナルニ因リ本職ニ於テ右有三ノ戸籍ヲ抹消シ之ヲ除籍スル戸籍記載ノ許可ヲ請フ必要ヲ生シタルニ依リ戸籍法第六十四條第三項及第三十九條第二項ニ依リ玆ニ本請求ニ及ヒタリ

立證方法

一　戸籍謄本ヲ以テ右本多有三ノ死亡及其家督相續人ノ屆出ナキコトヲ立證ス

二　官報（又ハ何々新聞又ハ如何ナル方法）ヲ以テ民法第千五十八條ノ公告ヲ爲シタルコトヲ證ス

添附書類

一　戸籍謄本　壹通

二　官報（又ハ何々新聞）　壹通

年　月　日

右請求者　富山市長　何　某　㊞

富山區裁判所判事　何　某　殿

其二十六

棄兒《すてご》を發見《はつけん》の屆出《とゞけいで》があつた場合《ばあひ》に市町村長《しちやうそんちやう》の作《つく》るべき、棄兒《すてご》發見調書《はつけんてうしよ》の書《か》き方《かた》。

棄兒發見調書

本　籍　横濱市神奈川青木町海邊公園第三號地ノ三號

棄兒　男　（發見後死亡シタル時ハ「死亡」ト記ス）　一　人

推定生年月日

發見申告人　横濱市神奈川青木町海邊公園第三號地ノ四號　國富春三

發見ノ時　何年何月何日午前何時（又ハ午後）

發見ノ場所　棄兒ノ本籍ニ同シ（又ハ本籍ト發見場所ノ相違スル時ハ發見ノ場所ヲ記載スヘシ

人　相　年齢ハ推定ノ如ク　頭髮黑色ナレトモ稍薄シ　色白ク　顏丸ク　眼鼻口耳普通　發育營養良

附　屬　品

一黄木綿襦袢　一　枚

二　絹　紐　一本
三　薄桃色メリンス裏　市松模樣綿入　一枚
四　友禪模樣綠色メリンス裏小蒲團　一枚
五　純毛布薄鼠色　一枚
六　守札入腰巾着（守札何々入）　一個
七　ガラス製哺乳器一式　一個
八　矢絣秩父銘仙藤絹裏掛蒲團　一枚

其他ノ狀況

前記發見人カ發見ノ日時及場所ニ於テ小兒ノ號泣スル聲激シキヲ以テ取調ヘタル處右附屬品中ノ小蒲團ノ上ニ毛布ヲ布キ其上ニ小兒ヲ仰臥セシメ矢絣ノ掛蒲團ヲ以テ被ヒ側ニ哺乳器ヲ置キアリ

右何年何月何日受附右發見者（又ハ發見者ノ申告ヲ受ケタル警察署長何某）ノ棄兒發見申出ニ因リ即チ戸籍法第七十八條ニ依リ此調書ヲ作成セリ

年　月　日

橫濱市長　何　某　㊞

其二十七

申請人《しんせいにん》より市町村長《しちやうそんちやう》に對《たい》し抗告《かうこく》をなしたる書類《しよるゐ》の送付《そうふ》を受《う》けたる市町村長《しちやうそんちやう》が、その抗告《かうこく》を理由《りいう》あるものとして、其處分《そのしよぶん》を變更《へんかう》して抗告人《かうこくにん》に通知《つうち》する通知書《つうちしよ》の例《れい》、本例《ほんれい》は一般的《ぱんてき》記載《きさい》の例《れい》を示《しめ》すもので抗告人《かうこくにん》への通知書《つうちしよ》。

戸籍事件ニ付テノ抗告ニ因ル處分變更通知書（一）

何年何月何日本職ノ爲シタル何々屆出（又ハ申請）不受理ノ處分（又ハ何々ノ處分）ニ對シ何年何月何日區裁判所ニ爲サレタル抗告ハ理由アルモノト認メ左ノ如ク其處分ヲ變更ス

一　何々

右及通知候也

年　月　日

何市町村長　何　某㊞

何　某　殿

其二十八

前例《ぜんれい》と同《どう》一のものではあれども、本例《ほんれい》は其《そ》の内容《ないよう》を具體的《ぐたいてき》に示《しめ》したるものなり。

戸籍事件ニ付テノ抗告ニ因ル處分變更通知書（二）

何年何月何日本職ノ爲シタル廢家屆出不受理ノ處分ニ對シ、何年何月何日大宮區裁判所ニ爲サレタル抗告ハ理由アリト認メ左ノ如ク處分ヲ變更ス

一　右廢家ノ屆出ハ之ヲ受理スヘシ

右及通知候也

年　月　日

大宮市長　何　某　㊞

大宮市鐵道省大宮工場内第廿號官舍

蓮沼正淸　殿

其二十九

同上市町村長《どうじやうしちやうそんちやう》が裁判所《さいばんしよ》に對《たい》して爲《な》す通知書《つうちしよ》の例《れい》で一般的記載《ぱんてきさい》のもの。

戸籍事件ニ付テノ抗告ニ因ル處分變更通知書（三）

抗告人　何　某

何年何月何日右抗告人ニ對シ本職ノ爲シタル何々屆出（又ハ申請）不受理ノ處分（又ハ何々ノ處

分）ニ付キ右抗告人ヨリ爲シタル御廳何年第何號抗告事件ノ抗告ハ理由アルモノト認メ左ノ如ク處分ノ變更ヲ爲シタリ

一　何
々

右及通知候也

年　月　日

何市町村長　何　某　㊞

何區裁判所判事　何　某　殿

其　三　十

同上《どうじやう》の例《れい》であるが書面《しよめん》の內容《ないよう》を具體的《ぐたいてき》に示《しめ》したるものである。

戶籍事件ニ付テノ抗告ニ因ル處分變更通知書(四)

抗　告　人　倉　田　桃　二　郎

何年何月何日右抗告ニ對シ本職ノ爲シタル廢家ノ屆出不受理ノ處分ニ付キ右抗告人ヨリ爲シタル御廳何年第何號抗告事件ノ抗告ハ理由アリト認メ左ノ如ク處分ヲ變更シタリ

一　右抗告人ノ廢家屆出ヲ受理スヘシ

右及通知候也

年　月　日

新潟縣南蒲原郡加茂町長　何　某　㊞

新潟區裁判所加茂出張所判事　何　某　殿

其三十一

抗告人《かうこくにん》の抗告《かうこく》に關《くわん》する書類《しよるゐ》の送附《そうふ》を受《う》けたる市町村長《しちやうそんちやう》が、其抗告《そのかうこく》を理由《りいう》なきものと認《みと》めたる場《ば》合《あひ》に、書類《しよるゐ》を送附《そうふ》裁判所《さいばんしよ》へ返還《へんくわん》する書面《しよめん》の例《れい》。

返還期間《へんくわんきかん》は送附《そうふ》の日《ひ》より五日《か》以内《いない》。

戸籍事件ニ付テノ抗告ニ關スル書類返還書

抗告人　何　某

何年何月何日右抗告人ニ對シ本職ノ爲シタル何々ノ申請（又ハ届出）不受理ノ處分（又ハ何々）ニ付キ右抗告人ノ爲シタル御廳何年第何號抗告事件ノ抗告ニ關スル書類何年何月何日送付ヲ受ケタル處右抗告ハ理由ナキモノト認ムルヲ以テ別紙意見書ニ示セル如キ意見ノ下ニ右書類及返還候也

年　月　日

何市町村長　何　某　㊞

何區裁判所判事　何　某　殿

其三十二

抗告《かうこく》に關《くわん》する書類《しよるゐ》の送付《そうふ》を受《う》けたる市町村長《しちやうそんちやう》が、其抗告《そのかうこく》を理由《りいう》なきものとして裁判所《さいはんしよ》に返還《へんくわん》する書類《しよるゐ》に添付《てんぷ》すべき意見書《いけんしよ》の例《れい》。

本例《ほんれい》は其内容《そのないよう》を具體的《ぐたいてき》に示《しめ》したるもの。

戸籍事件ニ付テノ抗告ニ對スル意見書

何年何月何日右抗告人ニ對シ本職ノ爲シタル分家ノ屆出不受理ノ處分ニ付キ右抗告人ヨリ爲シタル御廳何年第何號抗告事件ノ抗告ニ對スル意見左ノ如シ

右抗告ハ理由ナキモノト認ム

理　由

戸籍法第四十九條第一項ニハ屆出ヲ爲スヘキ者カ未成年又ハ禁治產者ナルトキハ親權ヲ行フ者又

ハ後見人ヲ以テ屆出義務者トス但出生死亡其他單純ノ事實ニ關スル屆出ハ未成年者又ハ禁治產者モ亦之ヲ爲スコトヲ得トアリ、故ニ屆出ヲ爲スヘキ者カ未成年者又ハ禁治產者ナルトキハ苟モ出生、又ハ死亡等ノ單純ノ事實ニ關スル屆出ニ非サル限リ原則トシテ總テ親權ヲ行フ者又ハ後見人ニ於テ屆出ヲ爲スヘキモノタルハ明カナル處ナリ、其右法文ニ「屆出義務者トス」トアルカ故ニ義務トシテ屆出ヲ爲スヘキモノニ限リ親權ヲ行フ者又ハ後見人ヲ以テ屆出人ト爲シタルモノノ如キモ、是唯其語ヲ重クシタルニ止マリテ「屆出ヲ爲スヘキ者カ未成年者又ハ禁治產者ナルトキハ親權ヲ行フ者又ハ後見人ヲ以テ屆出人トス」ト謂ヒタルモノト解スヘキモノニシテ必スシモ義務トシテ爲スヘキ屆出ニ限リ、親權者又ハ後見人ヲ以テ屆出人トスト解スヘキモノニ非ス、若シ果シテ義務トシテ爲スヘキ屆出ノ場合ニ限リ、其ノ親權者又ハ後見人ヲ以テ屆出人ト爲ストノ意ナリト解スヘキモノナル時ハ其初ニ於テ「義務トシテ爲スヘキ屆出ニ付キ屆出ヲ爲スヘキ者カ未成年者又ハ禁治產者ナルトキハ親權ヲ行フ者又ハ後見人云々」ト規定スヘキ筈ナルニ唯單ニ「屆出ヲ爲スヘキ者カ未成年者又ハ禁治產者ナルトキハ親權ヲ行フ者又ハ後見人ヲ以テ云々」トアルノミニテ何等義務トシテ爲スヘキ屆出ノ場合ニ限リ親權ヲ行フ者又ハ後見人ヲ以テ屆出義務者トスル旨ノ制限ト認ムヘキモノナキニ徵スルモ亦同條第一項本文ノ規定ハ苟モ出生、死亡等ノ單純ノ事實ニ關スルモノニ非サル屆出ハ、其屆出ヲ爲スヘキ者カ未成年者又ハ禁治產者ナルトキハ總テ親權ヲ行フ者又ハ後見人ヲ以テ屆出人ト爲スノ意タルコトヲ知ルニ足ル、而シテ本件抗告人ノ爲シタル分家ノ屆出ハ屆出ニ因リテ初メテ効力ヲ生スヘキモノニシテ單純ノ事實ニ關スル屆出ニ非サルカ故ニ、其屆出人カ本件ノ如ク未成年者ナル場合ニ於テハ親權ヲ行フ者又ハ後見人ヨリ屆出ヲ爲ササル可カラサルハ當然ニシテ之ニ反シ、未成年者自ラ爲シタル本件分家ノ屆出ハ不適法ニシテ本職カ其屆出ノ受理ヲ拒ミタルモノナルナリ、然レハ本件抗告人ノ抗告ハ其理由ヲ認ムルコトヲ得サルニ付キ茲ニ返還スルモノナリ

年　月　日

尾道市長　何　某　印

尾道區裁判所判事　何　某　殿

其三十三

戸籍法施行細則《こせきはふしかうさいそく》に準《じゆん》ずる戸籍記載《こせききさい》の例《れい》。

戸籍記載例

出生の部

一　子ノ本籍地ニ於テ屆出タル嫡出子出生ニ關スル記載（子ノ事項欄）

一　神田區鍛冶町四番地ニ於テ出生父本田雅之屆出昭和四年六月一日受附入籍印

戸籍法ニ關スル書式（其三十三）

二　出生地ニ於テ同居者ヨリ屆出タル私生子出生ニ關スル記載（子ノ事項欄）

三　庶子カ一家ヲ創立スル場合ニ於テ子ノ本籍地ニ於テ後見人ヨリ屆出タル庶子出生ニ關スル記載（子ノ事項欄）

四　棄兒發見ニ關スル記載（子ノ事項欄）

五　本籍地外ノ市町村長ノ送付ニ係ル航海日誌ノ謄本ニ依ル嫡出子出生ニ關スル記載（子ノ事項欄）

二　川崎市大師通三番地栗原三郎二女つる本籍ニ於テ私生子出生同居者栗原五郎屆出昭和九年八月二日川崎市長安西勝雄受附同月五日送附入籍

三　靜岡縣三島郡三島町字本町四番地戸主松山次夫長女房子横濱市伊勢佐木町六番地ニ於テ庶子出生父來島權一後見人田島六二屆出昭和六年五月拾日受附父母ノ家ニ入ルコトヲ得サルニ因リ一家創立㊞

四　昭和七年八月拾七日一家創立同日附赤阪區長一木睦男調書ニ依リ記載㊞

五　下關港ヨリ宇和島港ニ向ケ航海中ノ船舶アメリカ丸内ニ於テ出生船長大木太吉ノ作製送ニ係ル航海日誌ノ謄本昭和八年七月四日宇和島市長金子元吉受付同月七日送附入籍㊞

認知の部

一　私生子認知ノ屆出ニ因リ子カ父ノ家ニ入ル場合ニ於ケル認知ニ就テノ記載（父ノ戸籍中子ノ事項欄）

二　除籍地ノ市町村長カ他ノ市町村ニ在ル父ノ家ニ入ルヘキ私生子ノ認知ニ付テノ記載及入籍通知ニ因リテ爲ス除籍（原籍戸籍中子ノ事項欄）

三　裁判ニ因ル認知ニ關スル記載（父ノ戸籍中ノ子ノ事項欄）

四　遺言ニ因ル認知ニ關スル記載（父ノ戸籍中ノ事項欄）

一　石川縣石川郡小橋村參番地戸主音羽金吉長女靜子私生子父靑山三吉認知屆出昭和九年十一月拾日受附入籍

二　父仙台市學校通貳丁目參番地愛田道三郎認知屆出昭和四年七月四日受付㊞同月拾日入籍通知ニ因リ除籍㊞

三　靑森縣三戸郡七戸町六拾五番地戸主安藤喜三郎三女喜美子私生子昭和拾年六月五日私生子認知ノ裁判認定親權ヲ行フ母喜美子屆出同月拾七日受附入籍㊞

四　沼津市御幸町三番地戸主秋田房子私生子權平父亡鶴見一雄認知遺言執行者中野禮三郎屆出昭和六年二月拾三日受附入籍㊞

養子縁組の部

一　本籍ヲ同シクスル當事者カ本籍地ニ於テ屆出タル養子縁組ニ關スル入籍記載（養家ノ戸籍中養子ノ事項欄）

二　同上ノ場合ノ養子トナリタル者ノ除籍ニ關スル記載（實家ノ戸籍中養子ノ事項欄）

三　本籍地ヲ異ニスル當時者カ養親ノ所在地ニ於テ屆出タル養子縁組ニ因ル入籍（養家ノ養子ノ事項欄）

四　同上ノ場合ノ除籍ニ關スル記載（實家ノ戸籍中養子ノ事項欄）

五　養子ニ代ハリ父母カ承諾スル養子縁組ニ

一　水戸市上市泉町五番地戸主海野禮次郎二男海野坤四郎同人妻シメ子ト養子縁組屆出昭和五年四月五日受附入籍㊞

二　水戸市上市釜町七番地海野坤三郎同人妻シメ子ト養子縁組屆出昭和九年三月拾五日受附除籍㊞

三　千葉市本千葉驛前通二拾五番地森本坤太三男森本三太郎同人妻ウメ子ト養子縁組屆出昭和四年七月三日群馬縣群馬郡東倉賀野村長春山新一受附同月七日送附入籍㊞

四　神奈川縣橘樹郡太山村字神ケ谷五番地森本三太郎同人妻ウメ子ト養子縁組屆出昭和四年七月三日群馬縣群馬郡東倉賀野村長春山新一受附同月七日送附除籍㊞

五　東區備後町三丁目六番地戸主湯川源吉三

關スル記載（養家ノ戶籍中養子ノ事項欄）

六　遺言ニ依ル養子緣組ニ關スル記載（養家ノ戶籍中養子ノ戶籍欄）

七　養子緣組屆出ノ不受理ニ對スル抗告ニ付テノ裁判ニ依ル記載（養家ノ戶籍中養子ノ事項欄）

離緣の部

一　實家ト養家トカ本籍地ヲ同シクスル場合ノ合議上ノ離緣ニ因ル養子ノ除籍（養家ノ戶籍中養子ノ事項欄）

戶籍法ニ關スル書式（其三十三）

男甲野緣三郎ト養子緣組同人及緣組承諾者湯川源吉並花子屆出昭和四年九月拾六日受附入籍㊞

六　西區阿波堀通三丁目五番地戶主山田忠三郎二男亡甲野義雄ト養子緣組遺言執行者木村義治屆出昭和七年三月二拾六日受附入籍㊞

七　山梨縣東都留郡平賀村大字小村一番地戶主花房忠兵衞二男乙田達人同人妻靜江ト養子緣組昭和七年五月三日屆出右不受理ニ對スル抗告ニ付キ同月貳拾九日甲府區裁判所ノ裁判ニ基キ同月參拾日受附入籍㊞

一　養父實川正治養母花枝ト協議離緣屆出昭和六年九月三日受附除籍㊞

戸籍法ニ關スル書式（其三十三）

二　（二）ノ場合ノ復籍ニ關スル記載（實家ノ戸籍中ノ養子ノ事項欄）

三　養子ノ離緣ニ隨ヒテスル妻ノ除籍（養家ノ戸籍中妻ノ事項欄）

四　同上養子タル夫ノ實家ニ入籍スル場合ノ記載（養子ノ實家ノ戸籍中ノ妻ノ事項欄）

五　養子ノ實家ノ本籍地外ニ於テ屆出タル協議離緣ニ因ル復籍（實家ノ戸籍中養子ノ事項欄）

六　養親ノ死亡後養子カ養家ノ戸主ノ同意ヲ得テ爲ス離緣ニ因ル除籍ニ關スル記載（養家ノ戸籍中養子ノ事項欄）

七　裁判上ノ離緣ニ依ル養子ノ除籍ニ關スル記載（養家ノ戸籍中ノ養子ノ事項欄）

二　養父神戸市多聞通花隈町四番地戸主太田權治弟金治及養母花枝ト協議離緣屆出昭和六年四月拾日受附復籍㊞

三　昭和九年七月拾日夫權治離緣ニ付キ共ニ除籍㊞

四　昭和八年四月拾日夫權治復籍シタルニ付キ入（復）籍㊞

五　養父名古屋市東區淸水町三番地戸主花井初治郎弟大吉養母琴子ト協議離緣屆出昭和七年八月九日名古屋市中區長有馬倉藏受附同月拾七日送附復籍㊞

六　養父有村吾平養母さき死亡後戸主有村甚一ノ同意ヲ得テ離緣屆出昭和四年九月六日受附除籍㊞

七　昭和七年五月拾五日離緣ノ裁判確定養父春山利三郎養母ふさ子屆出同年五月貳拾四日受附㊞同月參拾日入籍通知ニ因リ除籍㊞

八 （七）ノ場合實家ニ復籍スル事ヲ得ス一家ヲ創立シタル場合ノ記載（創立シタル家ノ戸籍中戸主ノ事項欄）

八 昭和七年五月拾五日離縁ノ裁判確定養父神田區錦町一丁目一番地戸主春山利三郎養母ふさ子屆出同月貳拾四日神田區長大增利幸受附同月參拾日送付實家戸主復籍拒絶ニ付キ一家創立㊞

九 養子離縁ニ因ル實家再興ノ場合ノ記載（養家ノ戸籍中ノ養子ノ事項欄）

九 養父春山利三郎養母ふさト協議離縁屆出昭和九年八月拾日受付實家絶家（又ハ廢家）ニ付キ麹町區紀尾井町二番地ニ再興㊞同月拾五日入籍通知ニ因リ除籍㊞

十 養子離縁ニ依リ復籍スヘキ實家絶家又ハ廢家ノ爲メ一家創立ノ場合ノ記載（養家ノ戸籍中ノ養子ノ事項欄）

十 養父春山利三郎養母ふさト協議離縁屆出昭和七年六月三日受附實家廢家（又ハ絶家）ニ付キ麹町區紀尾井町二番地ニ一家創立㊞同月拾日入籍通知ニ因リ除籍㊞

婚姻の部

一 夫ニ付キ婚姻ニ關スル記載（夫ノ事項欄）

一 西田謹子ト婚姻屆出昭和五年六月拾四日受付㊞

戸籍法ニ關スル書式（其三十三）

二　婚姻ニ因ル妻ノ入籍（婚家ノ戸籍中妻ノ事項欄）

三　（二）ノ場合ニ於ケル妻ノ實家戸籍ヨリノ除籍（實家ノ戸籍中ノ妻ノ事項欄）

四　妻ニ付キ壻養子縁組ニ關スル記載（妻ノ事項欄）

五　壻養子ニ因ル夫ノ入籍ニ關スル記載（養家ノ戸籍中壻養子ノ事項欄）

六　壻養子タル本人ノ除籍ニ關スル記載（壻養子ノ實家ノ戸籍中ノ壻養子ノ事項欄）

七　入夫婚姻ニ因ル夫ノ入籍（新戸籍中ノ入夫戸主ノ事項欄）

二　本所區緑町一丁目參番地戸主平野壽美藏二女昭和拾七年二月三日天野忠吉ト婚姻屆出同日入籍㊞

三　靜岡市鷹匠町四番地鹿野廣告ト婚姻屆出昭和拾年四月三日靜岡市長中野陸一受附同月拾日送付除籍㊞

四　廣仲國次ト壻養子縁組婚姻屆出昭和七年四月拾五日受附㊞

五　長野縣伊那郡小諸町字新町七番地戸主小橋三吉二男昭和九年二月拾日相原謙吉二女梅子ト壻養子縁組婚姻屆出同日入籍㊞

六　茨城縣海邊郡福來村六番地廣部熊吉長女梅子ト壻養子縁組屆出昭和七年五月八日福來村長渡部淸兵衛受附同月拾三日送附除籍㊞

七　金澤市師團前町四番地戸主廣部熊吉三男昭和五年六月九日梅子ト入夫婚姻屆出同日

八　入夫婚姻ヲ爲シタル妻ニ付キテノ記載
（新戸籍中妻ノ事項欄）

九　父母カ正式ノ婚姻ニ因リテ嫡出子ノ身分ヲ得タルモノニ關スル記載（嫡出子ノ身分ヲ取得シタル者ノ事項欄）

十　檢事ノ請求ニ因ル婚姻取消ノ裁判ニ關スル記載（夫ノ事項欄）

十一　同上ノ場合ノ妻ノ除籍ニ關スル記載
（婚家ノ戸籍中妻ノ事項欄）

十二　婚姻證書ノ謄本ノ送付ヲ受ケタル場合ニ關スル記載（夫ノ事項欄）

入籍戸主ト爲ル㊞

八　廣部三郎ト入夫婚姻屆出昭和八年五月四日受附㊞

九　昭和六年九月五日父廣部三郎母梅子ノ婚姻ニ因リ嫡出子トナル㊞

十　昭和五年六月七日梅子トノ婚姻取消ノ裁判確定大阪地方裁判所檢事杉野完記載請求同月拾五日受附㊞

十一　昭和五年六月七日梅子トノ婚姻取消ノ裁判確定大阪地方裁判所檢事杉野完記載請求同月拾五日受附㊞同月貳拾貳日入籍通知ニ因リ除籍㊞

十二　キツトアンベリスト婚姻昭和七年四月十日英國何職何某婚姻證書作製右謄本提出同月貳拾日同國駐在大使田中正一受附同年七月拾貳日送附㊞

離婚の部

一　協議ノ離婚ノ場合ニ關スル夫ニ付キテノ記載（夫ノ事項欄）

二　協議ノ離婚ニ因ル妻ノ除籍ノ記載（妻ノ事項欄）

三　協議離婚ニ因リ妻カ實家ニ復籍シタル場合ノ記載（實家ノ戸籍中妻ノ事項欄）

四　裁判ニ因ル離婚ニ關シ夫ニ付キテノ記載（夫ノ事項欄）

五　裁判ニ因ル離婚ニ關シ妻ノ除籍ニ付キテノ記載（妻ノ事項欄）

六　裁判ニ因ル離婚ニ關シ妻カ實家ニ復籍シタルニ付キテノ記載（實家ノ戸籍中ノ妻ノ事項欄）

一　妻梅子ト協議離婚届出昭和七年八月五日受付㊞

二　昭和七年八月五日夫熊吉ト協議離婚届出㊞同月九日入籍通知ニ因リ除籍㊞

三　夫仙臺市包丁町七番地戸主廣部熊吉三男三郎ト協議離婚届出昭和七年八月五日仙臺市長村井長利受附同月拾三日送付復籍㊞

四　昭和九年六月五日離婚ノ裁判確定夫三郎届出同日受附㊞

五　昭和九年六月五日離婚ノ裁判確定㊞同月拾貳日入籍通知ニ因リ除籍㊞

六　昭和九年六月五日離婚ノ裁判確定夫仙臺市包丁町五番地戸主廣部熊吉三男三郎届出同日仙臺市長村井長利受附同月九日送附復籍㊞

親權及後見の部

一　親權又ハ管理權ノ喪失ニ關スル記載（子ノ事項欄）

二　失權宣告ノ取消ニ關スル記載（子ノ事項欄）

三　後見ノ開始ニ關スル記載（後見サルル者ノ事項欄）

四　後見ノ終了ニ關スル記載（後見サルル者ノ事項欄）

五　後見人ノ更迭ニ關スル記載（後見サルル者ノ事項欄）

一　昭和九年四月五日父義成親權（又ハ管理權）喪失ノ裁判確定ニ因リ母朋子親權（又ハ管理權）ヲ行フ旨屆出同月七日受附㊞

二　昭和八年四月拾五日失權宣告取消ノ裁判確定義兵衛弟中川忠吉屆出同月拾七日受附㊞

三　昭和七年五月六日親權ヲ行フ母財產ノ管理ヲ辭シタルニ因リ後見開始同月九日後見人埼玉縣東足立郡納見村大字下野本山完三就職ニ付キ屆出五月九日受附㊞

四　昭和七年五月六日被後見人成年ニ達シタルヲ以テ後見終了屆出同月七日受附㊞

五　昭和七年五月六日後見人本山完三辭任同月八日大宮市御殿町四番地本山勝衛就職ニ付キ屆出同月拾壹日受附㊞

六　保佐人ニ關スル記載（被保佐人ノ事項欄）

六　昭和七年五月六日準禁治產宣告同月九日保佐人水戸市上市泉區四番地佐野吾一就職ニ付キ屆出同月拾壹日受附㊞

隱居の部

一　隱居セル場合ノ記載（隱居セシモノノ事項欄）

一　隱居屆出昭和八年六月三日受附㊞

二　裁判所ノ許可ヲ得テ爲シタル隱居ニ關スル記載（隱居セシモノノ事項欄）

二　昭和八年六月三日附靜岡區裁判所ノ許可ノ裁判ニ依リ隱居屆出同年六月貳拾七日受附㊞

三　婚姻ニ因リ隱居ヲ爲シタルモノト看做ス場合ニ關スル記載（實家ノ戸籍中戸主ノ事項欄）（主トシテ女戸主ノ場合）

三　濱松市幸町六番地相原義三郎ト婚姻屆出昭和九年三月拾參日濱松市長花井長勝受附同月貳拾日送附㊞隱居ノ上除籍㊞

死亡の部

一　本籍地ニ於テ屆出タル死亡ニ關スル記載（死亡者ノ事項欄）

一　昭和九年七月貳拾五日午後八時神田區表神保町拾番地ニ於テ死亡戸主相川治次屆出

二　火難ニ付キ取調官廳ノ報告ヲ受ケタル場合ニ關スル記載（死亡者ノ事項欄）

三　水難ニテ死亡シタルモノヲ取調官廳ノ報告ヲ受ケタル場合ニ關スル記載（死亡者ノ事項欄）

四　在監中ニ死亡シタル者ニ關スル記載（死亡者ノ事項欄）

五　本籍氏名不明ノ死亡者ニ付キ本籍氏名ノ分明報告アリタル場合ノ記載（死亡者ノ事項欄）

同月貳拾七日受附㊞

二　昭和八年四月八日神田區美土代町貳丁目六番地ニ於テ火災ノ爲メ燒死神田區長六田銳吉報告同月拾貳日受附㊞

三　昭和七年八月拾參日千葉縣千葉郡一ノ宮町沖ニ於テ水難ニ因リ死亡一ノ宮町長神崎熊五郎報告同月拾七日受附㊞

四　昭和九年五月拾四日京都市上京區千本通丸太町宇垣ノ內京都刑務所ニ於テ死亡刑務所長典獄赤樫三郎報告同月拾九日上京區長武藤一雄受附、報告書謄本同月貳拾貳日送付㊞

五　昭和九年五月四日午後七時下關市臺町二番地先道路ニ於テ本籍氏名不詳ノ者死亡ニ付キ下關警察署長警視工藤条三ノ報告書同日下關市長渡部三吾受附同警察署長警視工藤条三ノ死亡者ノ本籍氏名ノ報告書同日拾

六　死亡屆出ヲ爲ス者アラサル場合市町村長カ裁判所ノ許可ヲ得テ職權ヲ以テ爲ス記載（死亡者ノ事項欄）

失踪の部

一　失踪ニ關スル記載（失踪者ノ事項欄）

家督相續の部

一　選定家督相續人ノ相續ニ關スル記載（新戸籍中ノ戸主ノ事項欄）

二　前戸主ノ戸籍抹消ニ關スル記載（戸主ノ

五日同市長渡部三吾受附兩報告書謄本同月貳拾八日送付㊞

六　大正貳年月日及場所不詳死亡屆出ヲ爲ス者ナキニ付キ昭和九年四月拾五日附濱松區裁判所ノ許可ニヨリ同月貳拾日除籍㊞

一　昭和拾年參月拾三日失踪宣告昭和參年壹月參日死亡ト看做サル右本人妻森川浪子屆出同月拾八日受附㊞

一　昭和七年八月拾日前戸主春一死亡ニ因リ選定家督相續人東京市牛込區通寺町六番地戸主金井三造五男五郎相續屆出昭和七年九月壹日受附㊞

二　昭和六年八月拾五日鶴田六三郎ノ家督相

事項欄）

三　入夫婚姻ニ因ル前戸主ノ抹消ニ關スル記載（戸主ノ事項欄）

四　家督相續ノ回復ニ付キ新戸籍ノ記載（新戸籍中戸主ノ事項欄）

五　家督相續ノ回復ノ場合ニ於テ戸主ノ名義ヲ有セシ者ノ戸籍ノ抹消ニ關スル記載（戸主ノ名義ヲ有セシ者ノ事項欄）

推定家督相續人の廢除の部

一　推定家督相續ノ廢除ニ關スル記載（推定家督相續人ノ事項欄）

二　推定家督相續人廢除取消ニ關スル記載（廢除セラレタル者ノ事項欄）

續屆出アリタルニ因リ本戸籍ヲ抹消ス㊞

三　昭和九年拾壹月壹日桑原重義ト入夫婚姻屆出重義戸主トナリタルニ因リ本戸籍ヲ抹消ス㊞

四　昭和八年九月貳日前戸主春一死亡ニ因リ家督相續昭和拾年參月參日家督相續回復ノ裁判確定屆出同月拾日受附㊞

五　昭和拾七年八月七日重義ノ家督相續回復ノ屆出アリタルニ因リ本戸籍ヲ抹消ス

一　昭和九年七月廿五日疾病ニ因リ家政ヲ執ル事能ハサルニ因リ推定家督廢除ノ裁判確定戸主森田甚吉屆出同月廿九日受附㊞

二　昭和九年拾壹月貳拾五日家督相續人廢除取消ノ裁判確定戸主上野兵松屆出同年拾貳

月拾日受附㊞

家督相續人指定の部

一 家督相續人ノ指定ニ關スル記載(戸主ノ事項欄)

一 東京市麴町區八重洲町一丁目九番地戸主前川忠造四男四郎ヲ家督相續人ニ指定屆出昭和九年六月五日受附㊞

二 家督相續人タル指定ノ失効ニ關スル記載(戸主ノ事項欄)

二 昭和拾貳年九月拾七日春彦出生ニ因リ家督相續人前川四郎ノ指定失効ニ付キ共記載抹消㊞

三 家督相續人ノ指定ノ取消ニ關スル記載(戸主ノ事項欄)

三 家督相續人前川四郎指定取消屆出昭和拾參年八月五日受附指定ノ記載抹消㊞

四 家督相續人ニ指定サレタル者カ死亡ノ爲メニスル記載(戸主ノ事項欄)

四 昭和拾六年拾月九日指定家督相續人前川四郎死亡森川重治屆出同月拾貳日受附家督相續人指定ノ記載抹消㊞

入籍の部

一　民法第七百三十一條ノ規定ニ關スル入籍ノ記載（入籍シタル戸籍中ノ入籍者ノ事項欄）

二　同上ノ場合實家ノ戸籍ヨリ除籍スル場合ノ記載（去リタル家ノ戸籍中去ル者ノ事項欄）

三　民法第七百三十八條ニ依ル入籍ニ關スル記載（入リタル家ノ戸籍中入籍者ノ事項欄）

離籍の部

一　戸主ノ同意ヲ得スシテ婚姻ヲ爲シタル場合ノ離籍ニ關スル記載（離籍セシ者ノ戸籍中離籍セラレタル者ノ事項欄）

二　同上ノ場合ノ除籍ニ關スル記載（離籍セシ者ノ戸籍中離籍セラレタル者ノ事項欄）

一　愛知縣東春日井郡平等村小田切四番地戸主村山峰吉三男戸主有田彌三郎甥入籍屆出昭和九年六月拾五日受附㊞

二　名古屋市東區中町三丁目五番地戸主有田彌三郎家籍ニ入籍屆出昭和九年六月拾五日東區長島田義一受附同月拾八日送附除籍㊞

三　鳥取縣東伯郡八頭村峰繼村五拾參番地戸主金森完郎孫入籍戸主妻春子屆出昭和七年四月五日受附㊞

一　戸主ノ同意ヲ得スシテ梅子ト婚姻ヲ爲シタルニ因リ離籍屆出昭和九年一月拾日受附㊞

二　北海道石狩郡東旭川村字牛別壹千五百四拾番地ニ一家創立屆出昭和九年二月四日受附除籍㊞

三　離籍ニ因ル一家創立ニ關スル記載(創立者ノ事項欄)

四　離籍セラレタル者ノ妻ノ除籍ノ記載(離籍者ノ戸籍中離籍セラレタル者ノ妻ノ事項欄)

五　離籍セラレタル者ノ妻ノ入籍ニ關スル記載

復籍拒絶の部

一　復籍拒絶ヲ爲シタル場合ニ關スル記載(戸主ノ事項欄)

二　復籍ヲ拒絶サレタル者ノ新戸籍ニ於ケル復籍拒絶ニ關スル記載ノ移記(新戸籍中ノ

三　深川區材木町三番地戸主相田力藏長男戸主ノ同意ヲ得スシテ梅子ト婚姻ヲ爲シ昭和九年一月拾日離籍ニ因リ一家創立屆出同月拾五日受附㊞

四　昭和拾年六月七日夫謙藏一家ヲ創立シタルニ因リ共ニ除籍㊞

五　昭和拾年六月七日夫謙藏一家ヲ創立シタルニ因リ共ニ入籍㊞

一　二女鶴惠戸主力藏ノ同意ヲ得スシテ富山縣射水郡富本村大字桑ノ川三番地小林益吉ト婚姻ヲ爲シタルニ因リ復籍拒絶屆出昭和九年六月三日受附㊞

二　二女鶴枝戸主初太郎ノ同意ヲ得スシテ島根縣簸川郡六鄕村大字八首七番地新川義助

戸主ノ事項欄此ノ場合ハ一家創立届出前ノモノ）

三　復籍ヲ拒絶サレタル者カ其一家ヲ創立セル場合ノ入籍拒絶ノ記載ノ抹消（復籍ヲ拒絶シタル戸主ノ事項欄）

四　復籍ヲ拒絶サレタル者カ死亡シタル時其届出人ナキ場合市町村長カ職權ヲ以テスル拒絶抹消ノ記載（戸主ノ事項欄）

廢家の部

一　裁判所ノ許可ヲ得テ爲ス廢家ニ關スル記載（廢家スル家ノ戸籍中ノ戸主ノ事項欄）

ト婚姻ヲ爲シタルニ因リ復籍拒絶届出昭和拾壹年拾壹月六日受附右前戸主初太郎ノ戸籍ヨリ移記㊞

三　昭和拾四年三月拾貳日島根縣簸川郡六鄕村大字八百十番地新川義助妻鶴枝離婚ニ因リ同村同字九番地ニ一家創立届出同月拾五日六鄕村長垂井喜兵衞受附同月貳拾壹日送付右鶴枝ノ復籍記載抹消㊞

四　昭和拾貳年八月卅一日島根縣簸川郡六鄕村大字八百七番地新川義助妻鶴枝死亡、届出ヲ爲ス者ナキニ付キ昭和拾六年四月一日附松江區裁判所ノ許可ニ因リ同月拾三日右鶴枝ノ復籍拒絶ノ記載抹消㊞

一　昭和拾七年二月五日附福岡區裁判所ノ許可ノ裁判ニ依リ廢家届出同月九日受附㊞

二　廢家ニ關スル記載（廢家スヘキ戸主ノ事項欄）

二　廢家屆出昭和九年七月三日受附㊞

三　廢家セル場合ノ除籍ニ關スル記載

三　廣島縣海邊郡遠淺村新關七番地田邊熊吉家籍ニ入籍戸主乙部一郎屆出昭和九年七月五日受附㊞同月拾日入籍通知ニ因リ全戸除籍㊞

絶家の部

一　絶家ニ關スル記載（最終ノ戸主ノ事項欄）

一　家督相續人ナキニ因リ絶家濱田ツギ子屆出昭和拾年七月拾三日受附

二　絶家シタル家ノ家族カ一家創立シタル場合ノ記載（一家創立者ノ事項欄）

二　東京市神田區美土代町三丁目一番地戸主宗田義三郎死亡家督相續人ナキニ付キ絶家ニ因リ一家創立屆出同月五日受附㊞

三　前記ノ場合ニ因ル家族ノ除籍ニ關スル記載（絶家ノ戸籍中家族ノ事項欄）

三　東京市神田區美土代町三丁目十番地ニ於テ一家創立屆出昭和拾年五月拾七日受附除籍㊞

四　市町村長カ職權ヲ以テスル絶家ニ關スル

四　相續人ナキニ因リ絶家昭和九年拾壹月拾

戸籍ノ抹消（最終戸主ノ事項欄）

三日附盛岡區裁判所ノ許可ニ依リ同月拾四日本戸籍抹消㊞

分家の部

一 分家シタル新戸籍ニシテ戸主ニ關スル記載（新戸籍中ノ戸主ノ事項欄）

二 同上分家シタル戸主ノ除籍ニ關スル記載（本家ノ戸籍中ノ分家戸主トナリシ者ノ事項欄）

三 分家ナシタル者ニ隨ヒテ其家ニ入ル直系卑屬ノ入籍スル場合ノ記載（分家戸籍中ノ直系卑屬ノ事項欄）

四 分家セシ者ニ隨ヒテ其家籍ニ入ル直系卑屬ノ除籍ニ關スル記載（本家戸籍中分家ノ戸主ニ隨ヒテ其家ニ入ル者ノ事項欄）

一 京都府南桑田郡龜岡町字西町二番地戸主淺岡鶴次弟分家屆出昭和九年六月拾壹日受附㊞

二 東京市神田區三河町貳丁目廿四番地ニ分家屆出昭和拾年四月貳拾六日受附除籍㊞

三 昭和九年六月拾壹日父義助分家ニ付キ共ニ入籍㊞

四 昭和九年六月拾五日父義助分家ニ付キ共ニ除籍㊞

廢絶家再興

一　廢絶家再興ニ因ル新戸籍ニ關スル記載（新戸籍中ノ戸主ノ事項欄）

二　廢絶家再興者ノ前戸籍ノ除籍ニ關スル記載（去リタル家ノ戸籍中再興者ノ事項欄）

一　埼玉縣東足立郡森崎村大字鴨ノ川拾四番地戸主天野治三郎弟絶家（又ハ廢家）吉田氏再興屆出昭和拾壹年六月拾壹日受附

二　浦和市吳服町四番地ニ於テ絶家（又ハ廢家）吉田氏再興屆出昭和拾壹年六月拾壹日浦和市長近藤孫一受附同月拾七日送付除籍㊞

國籍の得喪の部

一　外國婦人トノ婚姻ニ關スル記載（夫ノ事項欄）

二　外國人トノ婚姻ニ因リ我國籍ヲ失フ場合ノ記載（國籍喪失者ノ事項欄）

一　ダンツィツヒ・ヘリルト婚姻屆出昭和七年拾月貳拾貳日受附㊞

二　昭和拾年六月七日ア國イ府ウ街五百二十五號ハイツケン・シモンスト婚姻ヲ爲シタルニ因リ國籍喪失戸主天野元三郎屆出同月拾七日受附除籍㊞

三　婚姻ニ因ル國籍取得ニ關スル記載（國籍取得者ノ事項欄）	三　ア國ヒ府ローリー街貳拾五號ロウヘル・ヘリルト三女昭和七年拾月貳拾貳日天野治三郎ト婚姻屆出同日國籍取得入籍㊞
四　外國婦人ニ生レタル我邦人ノ私生子ノ認知ニ因リテ國籍取得ニ關スル記載（國籍取得者タル子ノ事項欄）	四　ア國カ府サ街四拾五號地マリア・レーストング私生子父相川信吉認知屆出昭和九年七月六日受附國籍取得入籍㊞
五　一度外國ニ歸化セル我國人カ又再ヒ我國人トシテ國籍回復ニ因ル一家創立ニ關スル記載（國籍回復者ノ事項欄）	五　昭和拾年六月七日ア國イ府ウ街五百貳拾五號ハイツケン・シモンスト婚姻ヲ爲シ國籍喪失ノ處昭和
六　外國人ノ歸化ニ關スル記載（歸化ニ因ル一家創立者ノ事項欄）	六　ア國カ府サ街貳拾五號地シンクラン・ハメリンコン二男昭和拾年七月拾日附許可ニ因リ歸化屆出同月拾五日受附一家創立㊞

氏名及族籍ノ變更並襲爵

一　名ノ變更ニ關スル記載（名變更者ノ事項欄）	一　昭和九年三月五日附許可ニ因リ其名君之ヲ君三郎ト變更屆出同月拾日受附㊞

二　族稱ノ變更ニ關スル記載(族稱ヲ變更シタル者ノ事項欄)

三　襲爵ニ關スル記載(襲爵ノ事項欄)

轉籍の部

一　他ノ市區町村ヨリノ轉籍ニ關スル記載(轉籍ノ戸主ノ事項欄)

二　他ノ市區町村ニ轉籍ノ場合ニ關スル記載(原戸籍中戸主ノ事項欄)

三　同一市町村内ニ於ケル轉籍ニ關スル記載(轉籍戸主ノ事項欄)

四　本籍地ノ土地ノ名稱更正ニ關スル記載(戸主ノ事項欄)

二　昭和七年三月拾日附辭令ヲ以テ華族ニ列セラル右屆出同月拾五日受附㊞

三　昭和拾七年拾壹月貳拾五日附辭令ニ因リ襲爵屆出同月參拾日受附㊞

一　京都府南桑田郡龜岡町字西町三番地ヨリ轉籍屆出昭和九年八月拾參日受附入籍

二　東京府荏原郡目黑町上目黑千八百四拾六番地ニ轉籍屆出昭和九年七月拾參日目黑町長島崎忠吉受附同月拾七日送附全戸除籍㊞

三　東區備後町三丁目二番地ニ轉籍屆出昭和九年九月拾日受附㊞

四　昭和四年四月拾五日土地ノ名稱變更ニ付キ本籍欄中「字長谷戸壹千九百四拾壹番」トアルヲ「惠比壽通四丁目拾七番地」ニ更正㊞

戸籍の訂正の部

一　裁判ニ因ル許可訂正ノ申出生日ノ訂正ニ關スル記載（訂正スル者ノ事項欄）

二　戸籍法第四十條ニ因ル出生日ノ訂正ニ關スル記載（子ノ事項欄）

三　嫡出子否認ノ裁判ニ因ル戸籍ノ訂正（子ノ事項欄）

四　隱居取消ノ確定判決ニ因リ戸籍ノ訂正ニ關スル記載（隱居ヲ爲ス前ノ戸籍中ノ戸主事項欄）

一　昭和七年九月拾五日附東京區裁判所ノ許可ノ裁判ニ因リ父上野兵吉戸籍訂正申請同月拾九日受附出生ノ日ヲ「九日」ニ訂正ス

二　父上野兵吉出生屆出昭和九年七月拾日受附出生ノ日ヲ「拾貳日」ト訂正ス㊞

三　昭和七年九月貳拾參日確定岡山地方裁判所ノ嫡出子否認ノ判決ニ因リ上野兵吉戸籍訂正申請同月貳拾五日受附㊞同年拾月參日入籍通知ニ因リ除籍㊞

四　昭和十年九月拾日確定和歌山地方裁判所ノ隱居取消ノ判決ニ因リ和歌山地方裁判所檢事岩野靜雄戸籍訂正請求同月拾七日受附本戸籍抹消㊞

其　三　十　四

閲覧謄抄本請求不許可告知書

告　知　書

昭和九年九月拾日ノ請求ニ係ル除籍簿（又ハ戸籍簿）ノ閲覧（又ハ戸籍又ハ除籍ノ謄本又ハ抄本ノ交付）ハ左ノ理由ニ因リ許可致難候

一（不許可ノ理由ヲ詳記スルコト）

右及告知候也

昭和九年九月拾七日

何市町村長　川　田　芳　衛　㊞

何　某　殿

其　三　十　五

屆出（又ハ申請）受理（不受理）證明書ノ書キ方

何　々　證　明　書

一　何々屆書（又ハ申請書）　何　通

屆出（申請）事項ノ要旨

事件本人　本籍詳記　氏　名

右何年何月何日附屆出（又ハ申請）ハ何年何月何日受理シタルコト（又ハ左ノ事由ニ依リ受理セサリシコト）ヲ證明ス

一（不受理ノ場合ニハ其ノ理由ヲ明記スルコト）

何年何月何日

何市町村長　何　某　㊞

其三十六

屆書記載事項證明書ノ書式

何々屆出

事件本人　本籍氏名

證明ヲ求ムル事項　何々

右ノ事項ハ屆書（又ハ申請書其他ノ書類）ニ記載アルコトヲ證明ス（又ハ右相違ナキ事ヲ證明ス）

年　月　日

何市町村長　何　某　㊞

寄留法ニ關スル書式

其　一

寄留ニ關スル口頭屆出陳述ノ筆記

寄留《きりう》に關係《くわんけい》する屆出《とゞけいで》を口頭《こうとう》を以《も》つて屆出《とゞけ》でられたる場合《ばあひ》、市町村長《しちやうそんちやう》が屆出人《とゞけいでにん》の陳述《ちんじゆつ》を筆記《ひつき》する記載《きさい》の例《れい》である。

本書式《ほんしよしき》は「戸籍法《こせきはふ》ニ關《くわん》スル書式《しよしき》」の項《かう》の「其十七《そのじふしち》」を參考《さんかう》として各屆出書式《かくとゞけいでしよしき》に應用《おうよう》せらるべし。

其　二

寄留簿及之ニ關スル書類引繼完了報告書

本書式《ほんしよしき》は「戸籍法《こせきはふ》ニ關《くわん》スル書式《しよしき》」中《ちう》の「其《その》十六」を參考《さんかう》にせられたし。

其　三

寄留ニ關スル帳簿、書類廢毀認可請求書

本書式《ほんしよしき》は「戸籍法《こせきはふ》ニ關《くわん》スル書式《しよしき》」中《ちう》の「其四《そのし》」の書式《しよしき》を參照《さんせう》せらるべし。

其　四

寄留簿の記載例

一　新ナル寄留ノ場合

何年何月何日寄留同月何日屆出㊞

二　住所外寄留ノ記載

何年何月何日青森市土堂町七番地ヨリ住所外寄留何月何日屆出㊞（本例ハ居所寄留簿ノ記載）

何年何月何日東京市神田區鍛冶町二番地ニ住所外寄留同月何日屆出㊞（本例ハ住所寄留簿ノ記載）

三　寄留地變更ノ記載

何年何月何日青森市ヨリ轉寄留同月何日屆出㊞（本例ハ新寄留地ノ寄留簿ノ記載）

何年何月何日神田區ニ轉寄留同月何日屆出ニ因リ抹消㊞(本例ハ原寄留簿ノ寄留簿ノ記載)

四　寄留所變更

(記載文中ノ受附印マテノ括弧内ノ記入ハ同一用紙ニ寄留者ヲ列記シタル場合ニ限ル記載例)

何年何月何日上目黑千九百番地ニ轉寄留同月拾壹日屆出ニ因リ更正(又ハ抹消)㊞

何年何月何日下目黑九番地ヨリ轉寄留同月拾四日屆出㊞(本例ハ新寄留所ノ寄留簿ヘノ記載)

五　住所居所ノ變更ノ記載

何年何月何日住所(又ハ居所)ヲ居所(又ハ住所)ニ變更同月六日屆出ニ因リ移記㊞(住所〔又ハ居所〕寄留簿ノ記載)

何年何月何日住所(又ハ居所)ヲ居所(又ハ住所)ニ變更屆出ニ因リ抹消㊞(住所〔又ハ居所〕寄留簿ノ記載)

六　復歸ノ記載

何年何月何日本籍(又ハ住所)ニ復歸同年何月何日屆出ニ因リ抹消㊞

七　寄留手續令第三十七條ノ場合ニ因ル退去ノ記載

何年何月何日退去同年何月何日屆出ニ因リ抹消㊞

八　同第三十四條ノ場合ニ退去ノ記載

何年何月何日退去ノ旨同月何日届出抹消㊞

其　五

寄留ニ關スル届出ノ催告狀

本例《ほんれい》は「戸籍法《こせきはふ》ニ關《くわん》スル書式《しよしき》」中《ちう》の「其《その》二十一」を參考《さんかう》とせらるべし。

其　六

其他寄留ニ關スル催告狀

其他《そのた》凡《あら》ゆる寄留《きりう》に關《くわん》する催告狀《さいこくじやう》は「戸籍《こせき》ニ關《くわん》スル書式《しよしき》」中《ちう》の「其《その》二十二及《および》其《その》二十三」に就《つ》きて參照《さんせう》せらるべし。

地方制度ニ關スル書式

其　一

町村合併又ハ廢置分合處分ノ申請書ノ例

甲乙《かふおつ》の市町村《しちやうそん》が合併《がつぺい》せんとして監督官《かんとくくわん》である府縣知事《ふけんちじ》に出《いだ》す申請書《しんせいしよ》。其他《そのた》廢置《はいち》分割《ぶんかつ》、境界變更《きやうかいへんかう》の場合《ばあひ》にも本例《ほんれい》に準《じゆん》じて作成《さくせい》すればよい。

町村合併處分ノ申請　(又ハ廢置分割)

申　請　ノ　要　旨

何郡何町村ト何町村トヲ合併(又ハ廢置分割)ノ處分ヲ請フコト

理　由

何郡何區村ハ縣(又ハ府)下ノ何部ニ位シ東西何里何町南北何里何町、北、西、南ノ三方ハ何山及何山ヲ以テ圍繞セラレ單ニ東部ニ向ヒテ稍平地ヲ存シテ何町村ト界シ、人口何百戶數何戶ノ小町村ナリ、而シテ町村ノ地勢及位置右ノ如クナルヲ以テ町村民ハ專ラ何々ヲ以テ職業ト爲スモ其生活固ヨリ富裕ナルコトヲ得サルカ故ニ其ノ富ノ程度ハ別紙調書ノ如クニシテ、而ノミナラス近年國家財政及上級自治體ノ財政ノ膨脹ニ伴ヒ本町村民ノ負擔モ亦夥シク增加シタルノミナラス一方ニ於テハ社會ノ進歩發達ニ伴ヒ本町村自體ノ教育、衛生、勸業、土木、水利、其他諸般ノ設備モ亦企劃スヘキ事業尠カラス、他方ニ於テハ國政及上級自治體ノ事務ノ益々多キヲ加フルト共ニ小町村ノ本村ト雖モ亦下級行政區トシテ其事務ノ負擔増シタルノミナラス、本町村自體ノ事務モ亦愈々多キヲ加フルノ狀態ナルヲ以テ從ツテ町村費ノ増加ノ如キハ別紙調書記載ノ如ク驚クヘキ多額ト爲リ試ニ之ヲ本町村民ノ收入ト比較スレハ其結果ハ別表ノ如キ比較ヲ示シ到底其收支ノ相償フ可キ狀態ニ在ラス、若シ夫レ爾後四ヶ年間此狀態ヲ以テ進マンカ、町村民ノ財力到底之カ負擔ニ堪ヘスシテ一町村將來疲弊困憊ノ苦境ニ沈マンコト寔ニ明カナリ

是ニ於テ町村民期スル處アリ、殖産興業、勤勉力行專ラ緊縮ニ努メ鋭意增富ノ計ヲ劃シ、何々ノ事業ヲ講シタルモ、本町村ノ位地並ニ狀態前述ノ如クナレハ到底其結果充分ナルヲ得ス、然ルニ本町村ノ東部僅カナル平地ヲ存シテ境ヲ接スル何町村ハ東西何里何町南北何里何町人口何百戶數何十ノ小町村ニシテ、其位置及財力並ニ町村民ノ狀態能ク本町村ト酷似シ困憊ノ數亦相同シキモノアリ、是ニ於テ乎、今此兩村ヲ合併シテ以テ一ノ町村ト爲サンカ、二個各別ニ施設シ各町村各別ニ爲ス可キ事業モ只一ノ施設一ノ事業ヲ以テ足リ從テ其事務亦各別ヲ爲スヘキモノモ合併ニ依リテ一ニ爲スヲ得ルヲ以テ、各般ノ經費大ニ減スヘキモノアラント試ニ之ヲ調査セルニ其結果別表ノ如キ數字ニシテ兩町村民ノ負擔モ亦各々其六分ヲ以テ足ルナリ、而ノミナラス兩町村ノ地勢ヲ見ルニ北西何レモ山ヲ繞ラシ東南ニ平地ヲ存シテ兩町村相接シ正ニ有形上合シテ一町村ト爲スニ適シ、其住民ノ氣風、習慣モ亦殆ント相同シク爲メニ古來能ク相親ミ無形上ニ於テモ合一スルニ

適ス、若シ夫レ幸ニ兩町村ノ合併スルコトヲ得ンカ二個ノ小町村ハ合シテ一ノ適當ナル町村ト爲リ、其資力亦漸ク法規上及公益上ノ負擔並ニ計劃ヲ爲スニ足ルニ至ルヘシ、即チ茲ニ兩町村會ノ決議ニ因リ右兩町村合併ノ處分ヲ請フ爲メ此申請ヲ爲ス儀ニ有之、仍テ關係町村會ノ意見ヲ徵セラレ府縣參事會ヘ御提案ノ上御處分相成度別紙各種ノ調書相添此段及申請候也

年　月　日

右　何郡何町村長　何　某　㊞

何府縣知事　何　某　殿

此《こ》の申請書例《しんせいしよれい》は概略《がいりやく》の事實《じじつ》を想像《さうざう》して合併《がつぺい》の申請《しんせい》を爲《な》す場合《ばあひ》の例《れい》を示《しめ》したるものであるから、實際申請《じつさいしんせい》の節《せつ》には各種《かくしゆ》の調査《てうさ》に依《よ》り具體的《ぐたいてき》に事實《じじつ》を詳記《しやうき》して申請《しんせい》しなければならぬ。

此他町村《このほかちやうそん》の廢置及分離《はいちおよびぶんり》、境堺變更《きやうかいへんかう》の場合《ばあひ》の如《ごと》きも本例《ほんれい》に準《じゆん》じて作成《さくせい》するものとす。

其　二

市町村廢置分合處分申請書ニ添附スヘキ書類ノ例

前述《ぜんじゆつ》の其《その》一の申請書《しんせいしよ》に添付《てんぷ》して出《いだ》すべき調査書類《てうさしよるゐ》の書式《しよしき》の例《れい》である。

區域表

區域／名稱		分廢町村名	合置町村名
田	反		
畑	反		
宅地	反		
鹽田	反		
鑛泉地	反		
池沼	反		
山林	反		
原野	反		
雜種地	反		
合計	反		
人口			
戶數			

以上《いじやう》の區域表欄內《くゐきへうらんない》の各地目反別《かくちもくたんべつ》の左方《さはう》に各其地價《かくそのちか》を附記《ふき》する事《こと》になつて居《ゐ》る。

資力表

資力／名稱				分廢町村名	合置町村名
諸稅並町村費	國稅		圓		
	地方稅		圓		
	町村費		圓		
町村有財產負債	現金		圓		
	公債證書等ノ券面金高		圓		
	土地	耕宅地	反		
		山林	反		
	建物		坪		
	米穀		合		
	金高				
	米穀		合		

以上《いじやう》に對《たい》する備考《びかう》事項《じかう》

何々ハ何年何月何日現在

一　地圖　山河、道路、人家ノ聚落及市役所、町村役場（必要ノ場合ハ小學校）ノ位置並ニ方位

一　里程　市役所又ハ町村役場ヨリ市町村境界ニ至ル距離

一　分合後ノ市町村費ノ概算ヲ立テ其都度増減ヲ示スヲ要ス

其　三

市町村條例（規則）及公示書式

（第一例）　助役増員ノ場合

條例第九號

第一條　町村制第六十條但書ニ依リ本町助役ノ定數ヲ二名トス

第二條　町村制第六十一條第二項ニ依リ助役一名ヲ有給吏員トス

第三條　助役ノ席次ハ名譽職助役ヲ以テ上席ト定ム

右條例ノ許可ヲ請フ書式

本村會ニ於テ助役ニ關スル條例ノ件別紙ノ通議決候ニ付キ許可ヲ請申候（又ハ請フ）

年　月　日　何府縣何郡何村々長　何　某　㊞

内務大臣殿

別紙

條例第何號

第一條……（前示ノ三ケ條ヲ書ク）

（此ノ書類ヲ添ヘテ其議案ノ理由書ヲ添附シナケレハナラヌ）

右條例ヲ町村ニ於テ告示スル書式

本村會ニ於テ助役ニ關スル條例ノ件ヲ議決シ町村制第百四十五條ニ依リ内務大臣ノ許可ヲ受ケ左ノ通之ヲ定ム

年　月　日　何府縣何郡何町村々長　何　某

條例第何號

（前記ノ條例ヲ書ス）

（第二例）　市町村會議員增員ノ例

條例第何號

本市（又ハ町村）會議員何名ヲ增加シ定數何名トス

右條例ノ許可ヲ請フ書式

本市（又ハ町村）會ニ於テ市（又ハ町村）制第十三條ニ因リ市會議員增加ニ關スル條例ノ件別紙ノ通議決候ニ付キ許可ヲ請フ

年　月　日

何府縣何市長　何　某　㊞

內務大臣宛

（別紙）　條例第何號

一　前記ノ條例ヲ書ス（尤其議案ノ理由書ハ添付スヘキモノナリ）

右條例ヲ告示スル書式

市制第十三條及第四十二條ニ依リ市會議員增加ニ關スル條例ヲ設ケ第百六十五條ニ依リ內務大臣ノ許可ヲ受ケ左ノ通之ヲ定ム

年　月　日

何府縣何市長　何　某

條例第何號

一　前記ノ條例ヲ書ス

（第三例）第一例ノ私案ニ係ルモノノ書式

（此他地方ニ於テ特ニ其書式ノ定メラレタルモノハ其式ニ從フモノトス）

市町村條例（規則）及公示書式

市町村會ノ議決ヲ經內務大臣（又ハ何々）ノ許可ヲ受ケタル何々條例（又ハ規則）左ノ如シ

（前示ノ書式ニハ「本町村何何條例町村會ノ議決ヲ經內務大臣（又ハ何々）ノ許可ヲ受ケ左ノ通リ之ヲ定ム」ト記シ町村長ノ氏名ヲ記ス例ヲ示シタレトモ條例ハ市町村長ノ定ムルモノニ非サルニ因リ本例ノ如ク「市町村會ノ議決ヲ經內務大臣（又ハ何々）ノ許可ヲ受ケタル何々條例左ノ如シ」ト記スルヲ適當ト認メシカハ之ヲ示シタルナリ、又町村長カ町村會ノ議決ヲ經ス町村長單獨ニ定ムルモノハ「何々左ノ通リ之ヲ定ム」ト記シテ町村長ノ氏名ヲ記スヘシ）

年　月　日　　　　何町村長　何　某

條例第何號

何々條例（又ハ規則）

第一章　何　々

第一條　…………………………

第二條　…………………………

（以下條項ノ有ルダケ書ス）

施行又ハ廢止ノ期日ヲ明瞭ニ記入スルコト

町村會ノ議決ヲ經テ內務大臣ノ許可ヲ受ケタル何々條例左ノ如シ

年　月　日

何町村々長　何　某

條例第何號

何々條例別冊ノ如ク之ヲ定ム

此條例施行ノ期日ハ別ニ之ヲ定ム（又ハ町村長之ヲ定ム）

何々何年條例第何號ハ本條例（又ハ規則）施行ノ日ヨリ之ヲ廢止ス

町村會ノ議決ヲ經テ內務大臣ノ許可ヲ受ケタル何々條例中改正ノ條項左ノ如シ

年　月　日

何町村長　何　某

條例第何號

何々何年條例第何號何々條例中左ノ通改正ス

第何條　何々…………………トアルヲ

何々スレハ何々トシ何々ヲ以テ何々トス
第何條第何項ヲ左ノ如ク改ム
何々スル場合ニハ何々ノ證明書ヲ何々シ何々ノ診斷書ヲ何々スヘシ
第何條ニ左ノ一項ヲ加フ
但何々ノ場合及何々シタル時ハ此限ニ非ス
第何條ヲ削除ス

附則

本例ハ何年何月何日ヨリ之ヲ施行ス

市町村會ニ關スル書式

町村《ちやうそん》會議員《くわいぎゐん》增員《ぞうゐん》條例《でうれい》の例《れい》。

其一

市町村會議員定數增員(減)條例

町村制第十一條第三項ニ依リ何々町村會議員ノ定數三名ヲ增加シテ何名ヲ以テ定員トス

附　則

本條例ハ次ノ總選擧ヨリ之ヲ施行ス

（注意　市制ハ第十三條、町村制ハ第十一條ニ此ノ規定アルモノナリ）

其　二

市町村會議員選擧人名簿

市會議員選擧人名簿書式

番號	昭和　年度 直接市稅賦課額	住所	出生年月日	氏名
		番號	年　月　日	

番號	昭和何年度直接市税賦課額	住所	出生年月日	氏名
			年　月　日	

備考

一　一級選擧人ト二級選擧人トハ區分シテ記載スヘシ

二　直接市税賦課額ハ選擧人名簿調製期日ノ屬スル會計年度ノ前年度分ヲ記載ス

三　住所ハ大字名（又ハ市內ノ町名）及番地ヲ記載ス

四　市制第九條第二項ノ規定ニ依ル者ニ付テハ氏名欄ニ「特免」ト記載ス又市制第七十六條及七十九條第二項ノ規定ニ依リ公民タル者ニ付テハ末尾ニ其職氏名ノミヲ記載ス

五　選擧人ノ總數、直接市税ノ賦課總額及其平均額並ニ各級ニ屬スル選擧人員ハ之ヲ名簿ノ末尾ニ附記ス

六　選擧人名簿ヲ調製シタルトキハ其末尾ニ左ノ如ク記載ス

本名簿ハ昭和　年　月　日ノ現在ニ依リ之ヲ調製シタリ

何市々長　何　某　㊞

七　選擧人名簿ヲ縱覽ニ供シタルトキハ其末尾ニ左ノ如ク記載ス

本名簿ハ昭和　年　月　日ヨリ七日間市役所（又ハ其ノ縱覽セシメシ場所）ニ於テ之ヲ關係者ノ縱覽ニ供シタリ

何市々長　何　某　㊞

八　選擧人名簿ヲ訂正シタル時ハ其年月日及事由ヲ欄外ニ記載シ市長自ラ檢印スルコトヲ要ス

九　選擧人名簿ノ確定シタルトキハ其末尾ニ左ノ如ク記載ス

本名簿ハ昭和　年　月　日ヲ以テ確定シタリ

何市々長　何　某　㊞

十　選擧ヲ終リタル後ニ於テ選擧ノ爲メ確定名簿ヲ修正シタルトキハ「八」ノ取扱ヲ爲ス外名簿ノ末尾ニ左ノ如ク記載ス

本名簿ハ昭和　年　月　日迄ニ修正シタリ

何市々長　何　某　㊞

十一　選擧區アルトキハ前各項ニ準シ各選擧區每ニ名簿ヲ作製シ選擧分會ヲ設ケタルトキハ別ニ分會ノ區劃每ニ名簿ノ抄本ヲ調製スルヲ要ス

町村會議員人名簿書式

町村會議員《ちやうそんくわいぎゐん》の選擧人名簿《せんきよにんめいぼ》は左《さ》の各項《かくかう》を遵守《じゆんしゆ》して其《そ》の調製《てうせい》をする事《こと》になつてゐる。

一　選擧人ノ總數ハ之ヲ名簿ノ末尾ニ附記スヘシ

二　前號ノ外ハ市會議員選擧人名簿書式備考第參號及第四號及第六號乃至第十一號ノ例ニ依ル

三　町村會議員ノ選擧ニ付キ等級ヲ設ケタル場合ニハ市會議員選擧人名簿書式ノ例ニ依ル

町村會議員選擧人名簿調製ノ書式

番號	住所	出生年月日	氏名
	番地	年月日	
—			
番號	番地	出生年月日	氏名

年　月　日		

其三

選擧人名簿《せんきよにんめいぼ》が作製《さくせい》されて愈《いよ〱》確定《かくてい》した場合《ばあひ》には之《これ》に關係《くわんけい》ある者《もの》をして一定《てい》の場所及日時《ばしよおよびにちじ》を限定《げんてい》して縱覽《じうらん》せしめなければならぬ、其場所及日時《そのばしよおよびにちじ》の告示《こくじ》の例《れい》。

選擧人名簿縱覽期日及場所告示

何町（又ハ村）告示第何號

町（又ハ村）會議員選擧人名簿ヲ何町（又ハ村）役場内（又ハ何々ノ場所）ニ於テ何年何月何日ヨリ何月何日マテ七日間毎日午前八時ヨリ午後四時マテ關係者ノ縱覽ニ供ス

年　月　日

何町（又ハ村）々長　氏　名

其四

選擧人名簿異議ニ對スル決定

本例《ほんれい》は茲《こゝ》に具體的《ぐたいてき》の例《れい》を擧《あ》げてそれを示《しめ》す事《こと》は至難《しなん》なる故《ゆゑ》に、若《も》し異議《いぎ》の申立者《まをしたてしや》ありたる時《とき》は其《そ》の申立《まをしたて》の異議《いぎ》に對《たい》して「主文《しゆぶん》」「事實《じじつ》」「理由《りいう》」等《とう》判然《はんぜん》と項目《かうもく》を分《わか》ちて記《き》する方《はう》が最《もつと》も適當《てきたう》である。

其五

市町村會議員選擧執行告示

第一例　市會議員選擧ノ場合

告示第何號

何年何月五日及六日市會議員總選擧（又ハ補闕選擧又ハ何々選擧）ヲ行フ、其選擧ヲ行フ其選擧會場、投票ノ日時、各級ヨリ選擧スヘキ議員數及選擧分會ノ等級區劃左ノ如シ

一　選擧會場　本會場　何々市役所（又ハ區役所）
　　　　　　　分會場　何々町所在市立何尋常小學校

二　投票ノ日時　二級　四月五日午前八時ヨリ午後六時迄
　　　　　　　　一級　四月六日午前八時ヨリ午後六時迄

三　各級ヨリ選擧スヘキ議員數　二級　何人
　　　　　　　　　　　　　　　一級　何人

四　選擧分會ノ等級　二級

五　選擧分會ノ區劃　何區何町何々

第二例　町村會議員選擧ノ場合

何年何月十五日村（町）會議員ノ總選擧（又ハ補闕選擧又ハ何々選擧）ヲ行フ其選擧會場、投票ノ日時、選擧スヘキ議員數及選擧分會ノ區劃等左ノ如シ

一　選擧會場　本會場　何々町（又ハ村）役場
　　　　　　　分會場　大字何々所在何々寺本堂

二　投票ノ日時　何年何月十五日午前八時ヨリ午後六時迄

三　選擧スヘキ議員數　何名

四　選擧分會ノ區劃　大字何々字何々

其六

選擧立會人選任通知書

市町村會議員《しちやうそんくわいぎゐん》の選擧《せんきよ》に際《さい》しては其《そ》の公民中《こうみんちう》より選擧立會人《せんきよたちあひにん》を選任《せんにん》しなければならぬ。

選任通知書

何年何月何日執行スヘキ本市(町村)會議員選擧ニ關シ市(町村)制第二十條ニ依リ貴下ヲ右選擧立會人ニ選任候ニ付キ此段及通知候也

年　月　日　　何市町村長　何　某　㊞

選擧人　何　某　殿

又《また》或《あ》る市町村《しちやうそん》に於《おい》ては此《こ》の選擧立會人通知書《せんきよたちあひにんつうちしよ》の「右選任候ニ付」の下《した》へ「當日午前何時迄ニ選擧會場ニ參會セラルヘシ」と加記《かき》したものもあるから、それに準《じゆん》じても違法《ゐはふ》ではない。

其七

市町村會議員《しちやうそんくわいぎゐん》の選擧《せんきよ》を終了《しうれう》の節《せつ》は其《そ》の選擧錄《せんきよろく》の調製《てうせい》をしなければならぬ、夫《そ》れは市制第《しせいだい》三十一條《でう》、町村制第《ちやうそんせいだい》二十八條《でう》に規定《きてい》されてあるものである。

市町村會議員選擧錄

第一例　市會議員選擧錄書式

東京市會議員何級總選擧（又ハ補闕選擧或ハ市制第三十三條若ハ第三十七條ノ選擧）會選擧錄

一　東京市會議員何級選擧（補闕選擧又ハ市制第三十三條若ハ第三十七條ノ選擧）ニ付議員何名選擧ノ爲メ本市役所（又ハ何々ノ場所）ニ選擧會場ヲ設ケタリ

二　左ノ選擧立會人ハ孰レモ投票開始時刻迄ニ選擧會場ニ參會シタリ

何　某

何　某

投票時刻ニ至リ選擧立會人中何某參會セサル爲メ市長ハ臨時ニ選擧人中ヨリ左ノ者ヲ選擧立會人ニ選任シタリ

何　某

（此の場合不參會者の數に依りて臨時增員をしなければならぬ）

三　選擧會ハ昭和何年何月何日午前何時ニ之ヲ開キタリ

四　選擧長ハ選擧立會人ト共ニ投票ニ先チ選擧會場ニ參集シタル選擧人ノ面前ニ於テ投票函ヲ開キ其ノ空虛ナルコトヲ示シタル後蓋ヲ鎖シ選擧長及選擧立會人ノ列席スル面前ニ之ヲ置キタリ

五　確定名簿ニ登錄セラレタル何級選擧人ノ數ハ其選擧スヘキ議員數ノ三倍ヨリ少キヲ以テ連名投票ノ法ヲ用ヒタリ

六　選擧長及選擧立會人ノ面前ニ於テ選擧人ヲシテ逐次其氏名ヲ自唱セシメ選擧人名簿ニ對照

シタル後投票用紙ヲ交附シタリ

七　選擧立會人中何某ハ一旦參會シタルモ午後（又ハ午前）何時何分何々ノ事故ヲ以テ其職ヲ辭シタル爲メ其定數ヲ闕キタルニ依リ市長ハ臨時ニ選擧人中ヨリ午後（又ハ午前）何時何分左ノ者ヲ選擧立會人ニ選任シタリ

何　　某

（又ハ）選擧立會人中何某ハ一旦參會シタルモ午前何時（又ハ午後）何分何々ノ事故ニ依リ其職ヲ辭シタルモ尚選擧立會人ハ二人（又ハ何人）在リテ而モ市長ニ於テ其闕員ヲ補フノ必要ナキニ至レルヲ認メ特ニ其補闕ヲ爲ササル旨ヲ宣言シタリ

八　左ノ選擧人ハ選擧人名簿ニ登錄ナキモ之ニ登錄セラルヘキ確定裁決書（又ハ判決書）ヲ所持シタルニ依リ之ヲシテ投票セシメタリ

何　　某

九　左ノ選擧人ハ誤テ投票用紙ヲ破損シタルヲ以テ更ニ之ヲ請求シタルニ依リ其ノ相違ナキヲ確メ之ト引換ニ投票用紙ヲ交付シタリ

何　　某

十　左ノ選擧人ハ選擧會場ニ於テ演說討論ヲ爲シ（又ハ喧擾ニ涉リ）（又ハ投票ニ關シ協議或ハ勸誘ヲ爲シ）（其他何々ノ事由ニ依リ）選擧會場ノ秩序ヲ紊シタルヲ以テ選擧長ニ於テ之ヲ制止シタルモ其ノ命ニ從ハサルヲ以テ投票用紙ヲ取上ケ之ヲ選擧會場外ニ退出セシメタ

リ

何　　　　某

十一　選擧長ハ午前（午後）何時何分選擧會場ノ秩序ヲ紊スノ虞ナシト認メ（又ハ選擧會場ノ入口ヲ閉鎖スルニ先チ）選擧會場外ニ退出ヲ命シタル選擧人ニ對シ入場ヲ許シタルニ左ノ選擧人入場シタルヲ以テ投票セシメタリ

何　　　　某

十二　午後（午前）何時ニ至リ選擧長ハ投票時間ヲ終リタル由ヲ告ケ選擧會場ノ入口ヲ閉鎖シタリ

十三　午前（又ハ午後）何時選擧會場ニ在ル選擧人ノ投票結了シタルヲ以テ選擧長ハ選擧立會人ト共ニ投票函ノ投票口ヲ鎖シタリ

十四　各選擧分會ヨリ投票函左ノ如ク到着セリ

第一（又ハ何々）選擧分會ノ投票函ハ分會長職氏名及選擧立會人何某携帶シ午前（午後）何時著之ヲ檢スルニ異狀ナシ

第二（又ハ何々）選擧分會ノ投票函ハ分會長職氏名及選擧立會人何某携帶シ午後（又ハ午前）何時著シ之ヲ檢スルニ異狀ナシ

十五　選擧長ハ選擧立會人立會ノ上投票函ヲ開キ（又ハ本會及各選擧分會ノ投票函ヲ開キ投票ヲ混同シ）其投票ヲ點檢セルニ左ノ如シ

投票總數　何萬何千何百何十何票
有効投票數　何萬何千何百何十何票
無効投票數　何十何票
内
一　成規ノ用紙ヲ用ヒサルモノ　何票
二　氏名不詳ノモノ　何票
三　何　々　何票
四　何　々　何票

連記投票ニ付テハ市制第二十八條第二項ノ規定ニ依リ其無効又ハ投票中無効ト爲シタル部分ノ事由及其ノ數ヲ區分シ記載スヘシ

十六　有効投票者ノ氏名及其得票數左ノ如シ
何百何十何票　何　某
何百何十票　何　某
（以下列記）

十七　何級ニ於テ選擧スヘキ議員數何人ヲ以テ選擧人名簿ニ記載セラレタル何級ノ人員數何人ヲ除シテ得タル數ハ何人ニシテ此ノ七分ノ一ノ數ハ何票ナリ、得票者中此ノ數ニ達スルモノヲ擧クレハ左ノ如シ

市町村會ニ關スル書式（其七）

何百何十票　何　某
何百何票　何　某
（以下列記スヘシ）
右ノ内有効投票ノ最多數ヲ得タル左ノ何人ヲ以テ當選者トス
何　某
何　某
但シ何某及何某ハ其得票數同シキニ依リ其出生年月日ヲ調査セシニ何某ハ何年何月何日生、何某ハ何年何月何日生ナレハ何某年長者ナルヲ以テ則チ何某ヲ以テ當選者ト定メタリ（又ハ同年月日生ナルヲ以テ選擧長ニ於テ抽籤シタルニ何某當籤シタリ、依テ何某ヲ當選者ト決定セリ）

十八　選擧長ハ投票ノ有効無効ヲ區別シテ各別ニ一括シ更ニ之ヲ封筒ニ入レ選擧立會人ト共ニ之ヲ封印シタリ

十九　左ノ者ハ選擧會場ノ事務ニ從事シタリ
職名　何　某
職名　何　某

二十　選擧會場ニ臨監シタル官吏左ノ如シ
官職　氏　名

二十一　午後（又ハ午前）何時選擧事務ヲ了シ選擧會ヲ閉チタリ

選擧長ハ此ノ選擧錄ヲ作リ之ヲ朗讀シタル上選擧立會人ト共ニ茲ニ署名ス

昭和何年何月何日

選擧長　何市長　何　某㊞

選擧立會人　何　某㊞

何　某㊞

（注意《ちうい》）此《こ》の選擧錄《せんきよろく》は各級毎《かくきふごと》に之《これ》を調製《てうせい》しなければならぬ。

選擧區《せんきよく》のある時又《ときまた》は選擧分會《せんきよぶんくわい》を設《まう》くる時《とき》は此《こ》の書式《しよしき》に準《じゆん》じて選擧錄《せんきよろく》を調製《てうせい》しなければならぬが選擧分會《せんきよぶんくわい》の選擧《せんきよ》に關《くわん》しては投票函《とうへうばこ》を其儘本會《そのまゝほんくわい》に送致《そうち》するものであるから開票《かいへう》に關《くわん》する事項《じかう》は記《き》載《さい》しなくてもよい。

又本書式《またほんしよしき》に示《しめ》したる事項《じかう》の外《ほか》に選擧長《せんきよちやう》が選擧《せんきよ》に必要《ひつえう》なる事項《じかう》と認《みと》める事項《じかう》ある時《とき》は之《これ》を記載《きさい》しなければならぬ。

第二例　町村會議員選擧會選擧錄書式

此《こ》の書式《しよしき》は前示《ぜんじ》の市會議員選擧會選擧錄書式《しくわいぎゐんせんきよくわいせんきよろくしよしき》に準《じゆん》じて調製《てうせい》するがよい。

其　八

町村會議員《ちやうそんくわいぎゐん》の選擧《せんきよ》が終了《しうれう》して當選確實《たうせんかくじつ》となつたならば町村長《ちやうそんちやう》は其當選《そのたうせん》の告知《こくち》をしなければならぬ。

町村會議員選擧當選告知書

何年何月何日執行ノ本町村會議員總選擧（又ハ補闕選擧或ハ増員選擧、又ハ町村制第何十條又ハ第何十條ノ選擧）ニ於テ一級（又ハ二級）ノ選擧ニ當選サレ候ニ因リ町村制第二十九條ニ因リ此旨及告知候也

年　月　日　　何町村長　何　某　㊞

當選人　何　某　殿

其　九

町村會議員《ちやうそんくわいぎゐん》に當選《たうせん》した者《もの》が當選辭任《たうせんじにん》の申立《まをしたて》をする場合《ばあひ》の書式《しよしき》。

當選辭任申立書

何府縣何郡市町村番地族稱職業

當選人　何　某

右何年何月何日執行ノ何町村會議員總選擧（又ハ補闕議員選擧或ハ何々ノ選擧）ニ於テ（何級ノ選擧ニ）當選候旨何年何月何日告知ヲ受候モ別紙醫師診斷書（又ハ何々ノ事由ニ依リ）ノ通リ疾病其職ニ不堪候ニ付右當選辭退致候町村制第二十九條ニ依リ此段申立候也

年　月　日　右　何　某　㊞

何町村長　何　某　殿

其　十

選擧《せんきよ》を終《をは》りたる時《とき》に町村長《ちやうそんちやう》より其《そ》の監督《かんとく》地方《ちはう》官廳《くわんちやう》長官《ちやうくわん》に宛《あ》てる報告書《はうこくしよ》の例《れい》。

市（又ハ町村）會議員選擧終了報告

何年何月何日執行シタル本市（又ハ町村）會議員總選擧（又ハ補闕選擧又ハ何々ノ選擧）同日終了致候ニ因リ町村制第三十一條ニ依リ別紙選擧錄ノ謄本ヲ添附シ及報告候也

年　月　日

何市（又ハ町村）長　何　某　㊞

何府縣知事　何　某　殿

其　十　一

市町村會議員《しちやうそんくわいぎゐん》の當選者確實《たうせんしやかくじつ》になりたる時《とき》には當該市町村長《たうがいしちやうそんちやう》は其氏名並《そのしめいならび》に住所《ぢうしよ》を告示《こくじ》しなければならぬ其《そ》の例《れい》。

市町村會議員當選者住所氏名告示

何年何月何日執行シタル本町村會議員總選擧（又ハ補闕選擧又ハ何々ノ選擧）ニ於ケル當選者ノ住所氏名左ノ如シ

何町村大字何番地
（一級又ハ二級選擧當選）　何　某
何町村大字何、何番地
（同　上）　何　某

以下列記スヘシ
一級及二級當選者ハ級別シテ記スルコト

右町村制第三十一條ニ依リ告示ス

年　月　日

何町村長　何　某

其十二

其《その》十一に示《しめ》したる告示《こくじ》を爲《な》すと共《とも》に監督地方長官《かんとくちはうちやうくわん》に報告《はうこく》しなければならぬ。

市町村會議員當選者住所氏名報告

何年何月何日執行シタル本町村會議員總選擧（又ハ補闕選擧又ハ何々ノ選擧）ニ於ケル當選者ノ住所氏名左ノ如シ

何町村大字何々何番地
何　某
（二級選擧當選者）
何町村大字何々、何番地
何　某
（同　上）

右町村制第三十一條ニ依リ及報告候也

年　月　日

何町村長　何　某　㊞

何府縣知事　何　某　殿

其十三

町村會《ちやうそんくわい》の招集《せうしふ》と會議事《くわいぎじ》件《けん》の告知《こくち》書《しよ》の例《れい》。

市町村會招集及會議事件ノ告知書

左ニ掲クル事件ニ付キ左ノ如ク本町村會ヲ招集ス

會議ノ事件

一　何年度本町村歳入歳出總豫算ノ議決ヲ爲スコト

二　何々小學校建築ノ議決ヲ爲スコト

三　何々

招集ノ日時

昭和何年何月何日午前何時

招集ノ場所

本町役場會議室（又ハ何所）

右町村制第四十七條ニ依リ及告知候也

年　月　日

何町村會議長　何　某　㊞

何町村會議員　何　某　殿

其十四

市町村會議員《しちやうそんくわいぎゐん》が其定數《そのていすう》三分《ぶん》の一以上《いじやう》纏《まと》まつた場合《ばあひ》議員《ぎゐん》より町村會《ちやうそんくわい》の招集《せうしふ》を請求《せいきう》する事《こと》が出來《でき》る、其《そ》の請求書《せいきうしよ》の例《れい》。

市町村會招集ノ請求書

左ニ揭クル事件ニ付キ緊急本町會ヲ招集スルノ必要アリト認メ候條速ニ招集相成度町村制第四十七條ニ依リ及請求候也

一　何々小學校新築敷地決定ノ議決ヲ爲スコト

一　何々小學校移轉ニ要スル諸費用ノ豫算ノ議決ヲ爲スコト

年　月　日

右　何町村會議員　何　某　㊞

同　上　何　某　㊞

同　上　何　某　㊞

（以下總員列記ノコト）

何町村會議長　何　某　殿

其十五

市町村會《しちやうそんくわい》を開《ひら》きたる場合《ばあひ》には、その會議録《くわいぎろく》を調製《てうせい》しなければならぬ、之《こ》れは市制第《しせいだい》六十二條《でう》、町村制第《ちやうそんせいだい》五十八條《でう》の規定《きてい》に依《よ》るものである、本例《ほんれい》は某縣《ばうけん》に於《おい》て定《さだ》めたるものを例《れい》として示《しめ》すものである。

市町村會會議録

何々町村會議録

昭和十年拾月九日何々會ヲ開ク其議案左ノ如シ

一　議案第何號　昭和十一年度歳入歳出豫算案
二　同　第何號　何々町村長選擧ノ件
三　同　第何號　昭和參年度歳入歳出決算認定ノ件
四　同　第何號　町營水道布設ノ件

午前（又ハ午後）何時開會議長及出席議員左ノ如シ

議長　町村長　何　某
議員　何番　何　某
同　何番　何　某

同　　　　何番　何　某

第一議案第何號　昭和拾壹年度歳入出豫算案

右異議ナク第二讀會ヲ開クニ決シ引續キ歳出經常部第二讀會ヲ開ク

第何款　何々費

第何項何々費ノ內何々費ニ付キ何番議員ヨリ何々（理由及目的）ヲ以テ何々金何百圓ヲ何百何十圓ニ修正スルノ動議ヲ提出シ定規ノ贊成ヲ得テ議題トナリ同意者何名多數ヲ以テ之ヲ決ス（又ハ議題トナリタルモ同意者少數ナルヲ以テ消滅シ原案ニ決ス）

第何款　何々費

右異議ナク原案ニ決ス

第何款　何々費

右ハ後廻シト爲シテ引續キ歳出臨時部第二讀會ヲ開ク

第何款　何々費

第何項何々費ノ內何々ニ付キ何番議員ヨリ何々（理由及目的ヲ詳記）ノ質問アリ議長之ニ說明ヲ與ヘ原案ニ決ス

次ニ歳入第二讀會ヲ開ク

第何款　何々

右何々

次ニ歳出經常部第何款豫備費ノ第二讀會ヲ開ク

右何々ニシテ何々ニ決ス

次ニ歳入出ヲ通シテノ第三讀會ヲ開ク

右第二讀會議決ノ通リ確定ス（又ハ何々）

第二議案第何號　何々選擧ノ件

右投票ノ方法ニ依リ選擧ヲ行フ投票總數何票開票ノ結果有効投票何票無効投票何票（內何票ハ白紙（又ハ何々）ニ依リテ無効、何票ハ何々ニ依リテ無効）ニシテ其有効投票ヲ得タル者左ノ如シ

何　票　何　某

何　票　何　某

何　票　何　某

何　票　何　某

右過半數ヲ得タル何某ヲ當選（又ハ選任スルコト）ト定ム（又ハ右過半數ヲ得タル者ナキニ依リ最多數者タル何某ヲ當選ト定ム）

（或ハ）右ニ付キ何番議員ヨリ指名推薦ノ法ニ依リ選擧ヲ爲サントスルノ動議ヲ提出シ定規ノ贊成ヲ得テ議題ト爲リ同意者何名多數ヲ以テ之ニ決シ（又ハ議長ヨリ指名推薦ノ法ニ依リ選擧ヲ行ハントス欲スル旨ヲ述ヘテ異議ナク之ニ決シ）何番議員（又ハ議長）ヨリ何某ヲ指名シ同意者何名多數ヲ以テ之ニ決ス

此時何番議員及何番議員出席、何番議員ハ退席ス

第三議案第何號　昭和十年度歳入歳出決算認定ノ件

右ニ付キテハ議長及其代理者ハ其職務ヲ行フ事ヲ得サルニ因リ缺席シタレハ年長議員何某代リテ議長ト爲ル

何番議員ニリ委員付託及委員ハ議長ノ指名ト爲サントノ動議ヲ提出シ定規ノ贊成ヲ得テ議題ト爲リ同意者何名多數ヲ以テ之ニ決シ（又ハ同意者何名少數ヲ以テ否決サル）議長ハ左ノ四名ヲ指名ス

何　某　　何　某

何　某　　何　某

右委員ニ於テ調査ヲ爲ス爲メ二時間休憩ス此時午前（又ハ午後）何時何分

午前（又ハ午後）何時開會委員會ノ報告アリ（報告ノ要旨ヲ記ス）滿場異議ナク決算ヲ認定ス

於是議長町村長（又ハ助役）何某議長席ニ復ス

第四議案第何號　町營水道敷設ノ件

何番議員ヨリ委員何名ヲ設ケ之ニ調査ヲ託スルコト及委員ハ選擧ニ依ラントノ動議ヲ提出シ定規ノ贊成ヲ得テ議題トナリ同意者何名多數ヲ以テ之ニ決ス、於是議長ハ直チニ連記投票ニ依ル選擧ヲ行フ事ヲ宣シ異議ナク選擧ヲ行フ、投票總數何票開票ノ結果有効票數何票無効票數何票（内何票ハ何々ニ依リ無効、何票ハ何々ニ依リ無効）ニシテ其有効投票ヲ得タル者左ノ如シ

市町村會ニ關スル書式（其十五）

何　點　何　某

何　點　何　某

以下得票者全部列記ノコト

右得票者中ノ最高點者ヨリ何名ヲ當選者ニ定ム

何　點　何　某　何　點　何　某

以下當選者數タケ氏名列記ノコト

是ニテ議案全部ヲ審議シタルヲ以テ午前（又ハ午後）何時何分閉會トス（又ハ散會）

右朗讀ノ上署名ス

年　月　日

議　長　町村長（又ハ助役或ハ何番議員）　何　某（自署）

議　員　何　某（自署）

議　員　何　某（自署）

以下參列議員全部列記自署ノ事

（注意《ちうい》）同日《どうじつ》の會議《くわいぎ》に於《おい》て町村長《ちやうそんちやう》又《また》は助役《じよやく》及《およ》び年長議員議長《ねんちやうぎゐんぎちやう》となりたる場合《ばあひ》は共《とも》に議事錄《ぎじろく》に署名《しよめい》するものとす。

又《また》散會《さんくわい》と云《い》ふは會議《くわいぎ》の繼續中《けいぞくちう》に於《お》て其日《そのひ》の會議《くわいぎ》を閉《と》づる事《こと》を云《い》ひ、閉會《へいくわい》と云《い》ふのは其會議《そのくわいぎ》の終了《しうれつ》したる場合《ばあひ》を云《い》ふのである。

署名《しよめい》する議員《ぎゐん》の中《うち》で自署《じしよ》する事《こと》の出來《でき》ぬ者《もの》が在《あ》る時《とき》は代書《だいしよ》の上《うへ》捺印《なついん》することになつてゐる。

其十六

市町村會會議規則《しちやうそんくわい〳〵ぎきそく》は市制第《しせいだい》六十三條町村制第《でうちやうそんせいだい》五十九條《でう》に規定《きてい》されてあつて、帝國兩議院規則及《ていこくりやうぎゐんきそくおよび》「自治機關《じちきくわん》」に揭載《けいさい》されてゐる府縣會議事規則等《ふけんくわいぎじきそくとう》に準《じゆん》じて適宜《てきぎ》に作成《さくせい》する事《こと》になつてゐる、本例《ほんれい》は某縣《ぼうけん》に於《お》て實施《じつし》してゐるものを示《しめ》したものである。

市町村會會議規則

第一章　通則

第一條　會議ハ午前九時ヨリ始メ午後三時ニ終ル但シ時宜ニ依リ議長之ヲ伸縮スルコトアルヘシ

第二條　會議ノ始終ハ擊柝（又ハ振鈴或ハ何々）ヲ以テ之ヲ報ス

第三條　議員ノ席次ハ總選擧後ノ初回ニ於テ抽籤ヲ以テ之ヲ定ム。補闕議員ハ前任者ノ席次ニ依ルモノトス

第四條　議員公務疾病其他正當ノ事故ニ依リ會議ニ出席スルコト能ハサルトキハ書面又ハ何々ヲ以テ會議定刻前其事由ヲ具シ議長ニ屆出ツヘシ
第五條　議場ニ在テハ議長ハ職名ヲ呼ヒ議員及列席員ハ其席次番號ヲ稱フルモノトス
第六條　會議細則ノ疑義其他總テ會議中ニ起リタル議題外ノ事件ハ議長之ヲ決ス但議長ハ會議ニ諮ヒ之ヲ決スルコトアルヘシ
第七條　議長ハ議員著席ノ後書記ヲシテ議案又ハ報告書ヲ配付セシム
第八條　議長ハ議事ニ先チ諸般ノ事項ヲ報告シ然ル後會議ヲ開クコトヲ宣告ス
議長開議ノ宣告ヲ爲サヽル間ハ何人ト雖モ發言スルコトヲ得ス
第九條　議事ノ順序ハ議長之ヲ定ム但議員三名以上ノ要求ニ依リ會議ヲ可決シタルトキハ其順序ヲ變更スルコトヲ得
第十條　議長ハ讀會ニ先チ書記ヲシテ議案又ハ報告書ヲ朗讀セシム但議長ハ會議ニ諮ヒ其朗讀ヲ省略セシムルコトヲ得
第十一條　發案者ハ會議ノ同意ヲ得テ提出シタル提案ヲ撤回シ又ハ修正ヲ爲スコトヲ得

第二章　議　事

第一節　讀會及動議

第十二條　議案ハ三讀會ヲ經テ議決ス但シ議長ノ意見若クハ議員三名以上ノ要求ニ依リ會議之ヲ可決シタルトキハ其順序ヲ省略スルコトヲ得

諸問案及決算報告ニ付テハ三讀會ノ順序ヲ經ルコトヲ要セス
第十三條　第一讀會ニ於テハ議案ノ大體ニ付キ討論シ第二讀會ヲ開クヤ否ヲ決スヘシ
第二讀會ヲ開クヘカラスト決シタルトキハ其議案ヲ廢棄シタルモノトス
第十四條　議員議案ノ趣旨ニ付キ説明ヲ求メント欲スルトキハ可成第一讀會ニ於テ質問スルコトヲ要ス
第十五條　第二讀會ニ於テハ議案ヲ逐條（豫算案ニ付テハ一款毎ニ）審議シテ之ヲ決ス但議長ノ意見ニ依リ數條、數款ヲ連結シ又ハ一條一款ヲ分割シテ討議ニ付スルコトヲ得
第十六條　議案ニ對スル修正ノ動議ハ第二讀會ニ於テ提出スヘシ修正ノ動議ハ二名以上ノ贊成者アルニ非サレハ議題ト爲スコトヲ得ス但委員ノ修正意見ニ係ル者ハ贊成ヲ待タスシテ議題ト爲ス
第十七條　第二讀會ハ第一讀會ヲ終リタル後少ナクモ一時間ヲ經テ之ヲ開クヘシ但議長ハ會議ニ諸ヒ其時間ヲ短縮シ又ハ第一讀會ト同時ニ之ヲ開クコトヲ得
第十八條　第三讀會ニ於テハ第二讀會ノ決議ヲ以テ議案ト爲ス
第十九條　第三讀會ハ第二讀會ヲ終リタル後少クモ一時間ヲ經テ之ヲ開クヘシ但議長ハ會議ニ諸ヒ其時間ヲ短縮シ又ハ第二讀會ト同時ニ之ヲ開クコトヲ得
第二十條　第三讀會ニ於テハ議案全體ニ就キ可決ヲ決スヘシ但修正ノ動議ヲ提出スルコトヲ妨ケス

修正ノ動議ハ三名以上ノ贊成者アルニ非サレハ議題ト爲スコトヲ得ス

第二節　建　議

第二十一條　議員ニ於テ發案權ヲ有スル事件ニ付キ建議ヲ爲サント欲スル者ハ錄シテ文案ト爲シ議長ニ提出スヘシ但事件簡明ナルモノハ口頭ヲ以テ陳述スルコトヲ得

第二十二條　議長ニ於テ前條ノ建議ヲ受ケタルトキハ之ヲ會議ニ付シ其採否ヲ決セシム會議ニ於テ其建議ヲ採ルヘシト決シタルトキハ別ニ第一讀會ヲ要セス

第二十三條　會議ニ於テ否決シタル建議案ハ同會議ニ於テ再ヒ提出スルコトヲ得ス

第三節　發言及討論

第二十四條　議員又ハ列席員ニ於テ發言セント欲スルトキハ起立シテ議長ト呼ヒ議長ニ於テ其席次番號ヲ囘呼スルヲ待テ發言スヘシ

第二十五條　二人以上同時ニ起立シテ發言ヲ求ムルトキハ議長ハ其一人ヲ指定シ發言セシム

第二十六條　發言ハ必ス議長ニ向テ之ヲ爲シ議員又ハ列席員相互ニ討論問答スルコトヲ得ス

第二十七條　討論ハ議題外ニ渉ルコトヲ得ス

議論冗長ニ渉リ若クハ無用ノ論說ト認ムル時ハ議長ハ之ヲ制止スルコトヲ得

第二十八條　討論未タ終ラサルモ議長ニ於テ論旨既ニ盡キタリト認ムルトキハ採決スルコトヲ得

第四節　採　決

第二十九條　採決ヲ爲サントスルトキハ議長其問題ヲ宣告ス

前項ノ宣告アリタル後ハ何人ト雖モ發言スルコトヲ得ス
第三十條　採決ハ起立ノ法ニ依ル但議長ニ於テ必要ト認ムル時又ハ議員三名以上ノ要求ニ依リ會議之ヲ可決シタル時ハ投票ノ法ニ依ルコトヲ得
投票ハ記名又ハ無記名トス
起立又ハ投票ノ數ハ書記之ヲ點檢シ其ノ決定ハ議長之ヲ宣告ス
第三十一條　出席議員ハ可否ノ數ニ入ラサルコトヲ得ス
採決ノ際議場ニ在ラサル議員ハ可否ノ數ニ加ハルコトヲ得ス
第三十二條　議題ニ對シ發言スル者ナキトキハ議長ハ採決ノ手續ヲ履マスシテ全會一致ヲ以テ可決シタルモノト認メ其旨ヲ宣告スルコトヲ得
第三十三條　議論數派ニ分レ過半數ノ贊成ヲ得サルトキハ議長ハ之ヲ再議ニ付シ尚過半數ヲ得サルトキハ其議題ハ廢滅ニ歸シタルモノトス
前項ノ場合ニ於テ議長ノ意見又ハ議員三名以上ノ要求ニ依リ會議ニ於テ廢滅ニ歸セシムヘカラスト決シタルトキハ特ニ委員ヲ設ケ立案セシメ更ニ會議ニ付スルコトヲ得
第三十四條　動議ハ原案ニ先チ可否ヲ決スヘシ數個ノ動議アルトキハ最モ原案ニ異ナルモノヨリ先キニス

第五節　委　員

第三十五條　意見書答申書等ノ文案ヲ起草シ、又ハ修正ニ付キ調査ヲ要スル爲メ議長ノ意見又ハ

市町村會ニ關スル書式（其十六）

議員三名以上ノ要求ニ依リ會議之ヲ可決シタルトキハ委員ヲ設クルコトヲ得

第三十六條　委員ノ數ハ三名若クハ五名トシ議員中ヨリ互選スルモノトス但議員二名以上ノ要求ニ依リ會議之ヲ可決シタルトキハ議長ノ指名ヲ以テ定ムルコトヲ得

第三十七條　委員ノ選擧ハ連記匿名投票トシ有効投票ノ最多數ヲ得タル者ヲ以テ當選トス投票同數ナルトキハ抽籤ヲ以テ之ヲ定ム（又ハ年長者ヲ以テ之ヲ定ム）

第三十八條　委員會ハ委員中ヨリ委員長ヲ選擧スヘシ

前項ノ選擧ニ付テハ第三十七條ヲ準用ス

第三十九條　委員ニ選擧セラレタル者ハ正當ノ事由ナクシテ其任務ヲ辭スル事ヲ得ス

委員正當ノ事由ニ依リテ其任務ヲ辭シタルトキハ速ニ補闕選擧ヲ行フヘシ但シ議員三名以上ノ要求ニヨリ會議之ヲ可決シタルトキハ議長ノ指名ヲ以テ定ムルコトヲ得

第四十條　委員會ハ委員長之ヲ招集ス

第四十一條　委員會ハ委員三分ノ二以上出席スルニ非サレハ議事ヲ開クコトヲ得ス

出席委員定數ニ充タスシテ委員會ヲ開クコト能ハサル時ハ第三十七條ニ依リ臨時委員ヲ選擧シ出席セシメテ委員會ヲ開ク、此場合ニ於テハ前委員ノ出席ヲ待ツテ交代スルモノトス

第四十二條　委員會ノ議事ハ出席員ノ過半數ヲ以テ之ヲ決ス可否同數ナルトキハ委員長ノ決スル處ニ依ル若シ過半數ヲ得ルモノナキトキハ比較多數ニ依リ之ヲ決ス

委員長ハ委員トシテ討議スルノ權ヲ妨ケラルルコトナシ

第四十三條　委員會ハ議員ノ外傍聽ヲ許サス
第四十四條　町村長又ハ助役ハ委員會ニ出席シテ意見ヲ述フルコトヲ得
第四十五條　委員會ヲ終リタルトキハ委員長ヨリ其經過及結果ヲ議長ニ報告スヘシ

第六節　祕密會議

第四十六條　內議ヲ要スル場合ニ於テ議長ノ意見又ハ議員三名以上ノ要求ニ依リ會議之ヲ可決シタルトキハ祕密會ヲ開クコトヲ得
第四十七條　祕密會議ヲ開クトキハ議長ハ直チニ傍聽人ヲ退出セシムヘシ
第四十八條　祕密會議ノ議事ハ本則ニ從フコトヲ要セス
祕密會議ヲ終リタルトキハ更ニ本會議ニ付シ議決ヲ經ルコトヲ要ス

第三章　議事錄

第四十九條　議事錄ニハ町村制第五十八條ノ規定ノ外尙左ノ事項ヲ記載スヘシ但議長ノ意見ヲ以テ適宜取捨セシムルコトヲ得
一　開會閉會ニ關スル事項及其年月日時
二　開議、中止及散會ノ月日時
三　不參議員ノ氏名
四　會議ニ參與シタル吏員ノ氏名
五　議長及委員長報告ノ事項

六　會議ニ付シタル議案及報告ノ題目
七　議題トナリタル動議、建議及其提出者ノ氏名
八　決議及認定事件
九　採決可否ノ數ヲ計算シタルトキハ其數
十　其他會議ニ於テ必要ト認メタル事項
第五十條　議事錄ニ署名スヘキ議員ノ數ハ三名トシ（又ハ何名）每回議長ノ指名ヲ以テ之ヲ定ム
第五十一條　議員議事錄ニ記載シタル事實ニ對シ異議アルトキハ議長ハ書記ヲシテ之ヲ辯明セシム議員其答辯ニ服セス又ハ議長ノ處置ニ不服アルトキハ議長ハ會議ニ諮ヒ討論ヲ用ヒスシテ可否ヲ決スヘシ
第五十二條　議事錄ヲ調製シタル書記ハ副署スルモノトス

第四章　議場ノ秩序

第五十三條　何人ト雖モ議場ニ在ル者ハ左ノ事項ヲ確守スヘシ
一　喫煙スヘカラス
二　相互ニ私語スヘカラス
三　贊否ノ聲ヲ發シ又ハ喧噪ニ渉リ議事ヲ妨クヘカラス
第五十四條　議員ハ充分討論ノ權ヲ有ス然レトモ人身上ニ關シ毀譽褒貶ニ渉ルコトヲ得ス
第五十五條　議員ハ會議定刻前ニ出席シ出席簿ニ捺印スヘシ

出席簿ハ書記席ニ之ヲ備フ

第五十六條　議員會議ニ列スルトキハ洋服又ハ羽織袴ヲ着用スヘシ

第五十七條　議事開始後參會シタル議員ハ議長ノ許可ヲ得テ議席ニ就クヘシ

第五十八條　議員ハ會議中議長ノ許可ヲ得スシテ議席ヲ退クコトヲ得ス

第五十九條　議員會議中自己又ハ父母兄弟妻子ノ一身上ニ關スル事件アルトキニ尙議席ヲ退カサル者アルトキハ議長ハ之ヲ退席セシムヘシ

第五章　傍聽人取締

第六十條　戎器兇器ヲ携帶シ又ハ異樣ノ服裝ヲ爲シタル者及酩酊シタル者ハ傍聽席ニ入ルコトヲ許サス

第六十一條　凡ソ傍聽席ニ在ル者ハ左ノ事項ヲ確守スヘシ

一　帽子又ハ襟卷或ハ外套ノ類ヲ着スヘカラス

二　杖傘ヲ携帶スヘカラス

三　飮食又ハ喫煙スヘカラス

四　議員ノ言論ニ對シ贊否ヲ表シ又ハ喧噪ニ涉リ議事ノ妨害ヲ爲スヘカラス

第六十二條　傍聽ヲ禁シタルトキハ傍聽人ハ速ニ退場スヘシ

第六十三條　議場ノ都合ニ依リ議長ハ傍聽人ノ員數ヲ制限スルコトアルヘシ

第六十四條　本章ノ規定ハ之ヲ傍聽席ニ揭示スヘシ

第六章　罰　則

第六十五條　議員本則ニ違背シ又ハ議長ノ命令制止ニ從ハサル者ハ議長ノ意見又ハ議員三名以上ノ要求ニ依リ會議ノ決議ヲ經テ三日以内出席ヲ停止シ又ハ貳圓以下ノ過怠金ヲ科スルコトヲ得

過怠金ハ違背ノ輕重ニ依リ尚其情狀ヲ酌量シテ之ヲ定ム

第六十六條　議員ニシテ故ナク出席セサルコト三日ニ及フトキハ會議ノ決議ヲ經テ相當ノ罰ヲ加フルコトヲ得

第七章　附　則

第六十七條　本則ヲ加除改廢セントスルトキハ議員三名以上ノ贊成ヲ得ルニ非サレハ議題トシテ可否ヲ決スルコトヲ得ス其ノ可否ヲ議決スル場合ニ於テ出席議員ノ三分ノ二以上ノ同意ヲ得ルニ非サレハ加除改廢ノ議決ヲ爲スコトヲ得ス

其十七

市町村會《しちやうそんくわい》の傍聴人取締規則《ばうちやうにんとりしまりきそく》は市制《しせい》第《だい》六十三條《でう》、町村制《ちやうそんせい》第《だい》五十九條《でう》の規定《きてい》に準《じゆん》じて之《これ》を作成《さくせい》しなければならぬ。

其《その》十六には別《べつ》に取締規則《とりしまりきそく》を作成《さくせい》せず會議規則《くわいぎきそく》中《ちう》の第《だい》五章《しやう》に傍聴人取締《ばうちやうにんとりしまり》の一章《しやう》を設《まう》けて規定《きてい》し

てあるが本例《ほんれい》は取締規則《とりしまりきそく》を分離《ぶんり》したものゝ例《れい》である。

市町村會傍聽人取締規則

何府縣何郡市町村會傍聽人取締規則

第一條　町村會ヲ傍聽セントスル者ハ受附掛ニ氏名、住所、年齢ヲ申出テ其指令ヲ得テ傍聽席ニ入ルヘシ

第二條　傍聽人ハ何人ヲ以テ限度トス（又ハ議長ハ傍聽席ノ都合ニ依リ傍聽人ノ數ヲ制限スルコトアルヘシ）

第三條　左ノ各號ノ一ニ該當スル者ト認メタルトキハ傍聽ヲ許サス

一　未成年者及ヒ女子

二　戎器及兇器又ハ畜類ヲ携帶スル者

三　瘋癲、白痴若クハ酩酊者

四　風儀ヲ紊ルノ假想ヲ爲セル者

五　厭忌スヘキ疾患アル者又ハ傳染ノ憂アル疾患者

第四條　傍聽者ハ傍聽席ニ於テ左ノ事項ヲ遵守スヘシ

一　帽子又ハ外套、襟卷ノ類ヲ著用スヘカラス

二　杖傘ノ類ヲ携帶スヘカラス

三　飲食又ハ喫煙スヘカラス
四　議員ノ言論ニ對シテ批評又ハ可否ノ言ヲ爲スヘカラス
五　如何ナル事由アルモ議席ニ入ルヘカラス
六　議席ニ物件ヲ投入スヘカラス
七　私語又ハ談論ヲ爲ス等喧噪ニ渉ルノ行爲アルヘカラス
八　其他苟クモ會議ノ妨害ヲ爲スヘキ擧動アルヘカラス

第五條　傍聽人前示各條ニ違背シタル場合ニハ議長之ヲ制止シ尚命令ニ服從セサルトキハ退場ヲ命スヘシ

第六條　議長ヨリ退場ノ命令又ハ傍聽禁止ノ宣告アリタルトキハ傍聽人ハ速ニ退場スヘシ

市町村吏員ニ關スル書式

其一

助役《じよやく》の定數《ていすう》を增加《ぞうか》する條例《でうれい》の例《れい》。本規則《ほんきそく》は市制第《しせいだい》七十二條《でう》、町村制第《ちやうそんせいだい》六十條《でう》の規定《きてい》に準《じゆん》じて作成《さくせい》するものである。

市町村助役定數增加條例

町村制第六十條但書（又ハ市制第七十二條）ニ依リ本町（又ハ本市）村助役ノ定數ヲ何名トス

附　則

本條例ハ發布ノ日ヨリ之ヲ施行ス

其　二

町村長又ハ助役有給條例

町村制第六十一條第二項ニ依リ本町村長（又ハ助役或ハ助役二人ノ一人）ヲ有給トス

附　則

本條例ハ何年何月何日（又ハ發布ノ日）ヨリ之ヲ施行ス但現任町村長（又ハ助役）ハ任期滿了ノ日マテ名譽職町村長（又ハ助役）トシテ在任ス

其　三

助役《じよやく》の定數《ていすう》を增加《ぞうか》して其《そ》の內《うち》の一人《にん》を有給《いうきふ》とする二事《じ》を合規《がふき》の條例《でうれい》の例《れい》。

前示《ぜんじ》二項《かう》の書式《しよしき》を參看《さんかん》するがよい。

助役ノ定員增加及有給助役ニ關スル條例

第一條　町村制第六十條但書ニ依リ本町村ノ助役ノ員數一名ヲ增シ二名ヲ以テ定員トス

第二條　町村制第六十一條第二項ニ依リ本町村助役中其一名ヲ有給吏員トス

有給吏員タル助役ノ給料ハ別ニ之ヲ定ム

第三條　助役ノ席次ハ名譽職助役ヲ以テ上席トス

其四

町村長《ちやうそんちやう》又《また》は助役《じよやく》、收入役等《しうにふやくとう》が當選《たうせん》を辭任《じにん》する辭退書《じたいしよ》の書式《しよしき》。町村制《ちやうそんせい》第《だい》六十三條《でう》及第《およびだい》六十七條《でう》の規定《きてい》に準《じゆん》ずるもの。

町村長(助役、收入役、副收入役)當選辭退書

何府縣何郡市町村番地族稱職業

町村長(又ハ助役、收入役)當選人　何　某

右何年何月何日何町村長ニ選擧セラレタル處(又ハ何町村助役、收入役ニ定メラレタル處)別紙

醫師ノ診斷書ノ通リ疾病ノ爲メ（又ハ何々ニ因リ）其ノ職ヲ行フコト能ハサルニ因リ右當選（又ハ定任）ハ辭退候也

年　月　日　　右　何　某　㊞

何町村長（又ハ助役）　何　某　殿

其　五

町村長《ちやうそんちやう》、助役《じよやく》又《また》は收入役《しうにふやく》、副收入役《ふくしうにふやく》の選擧《せんきよ》若《も》しくは選定《せんてい》が終了《しうれう》したる場合《ばあひ》には地方長官《ちはうちやうくわん》に其《その》認可《にんか》を稟請《りんせい》しなければならぬ、本例《ほんれい》はその認可《にんか》稟請書《りんせいしよ》の例《れい》。市制第《しせいだい》七十五條《でう》、町村制第《ちやうそんせいだい》六十四條《でう》及第《およびだい》六十七條《でう》の規定《きてい》に依《よ》るもの。

町村長（又ハ助役、收入役、副收入役）選擧（又ハ選定）認可稟請書ノ甲

何町村名譽職（又ハ有給）町村長（又ハ助役、收入役、副收入役）當選（或ハ選定）者　何　某

本町村長（又ハ助役、收入役、副收入役）何某昭和何年何月何日任期滿了ニ付キ（又ハ何年何月

市町村吏員ニ關スル書式(其五)

何日死亡若クハ何年何月何日辭職ノ爲メ闕員ニ付或ハ何年何月何日後任者就職スル迄在職スルノ條件ヲ以テ辭表提出候ニ付キ)何年何月何日本町村會ニ於テ後任者選擧候處、前記ノ者當選(又ハ後任ト相定)候ニ付キ認可相成度、別紙調査書ヲ添付シ稟請候也

年　月　日　何町村長(又ハ代理助役)何　某㊞

何府縣知事　何　某　殿

右《みぎ》の稟請書《りんせいしよ》に添付《てんぷ》して差出《さしだ》す可《べ》き調査書《こうさしよ》の書式《しよしき》。

調　査　書

何郡何町村大字何々何番地戸主職業族稱

位　勳　功　何　某

何年何月何日生

一　履　歷　書　別紙ノ通り

一　直接國稅額(何年度分)(有給町村長助役ニハ本項調査ヲ要セス)

地　　租　　金何百何拾圓何拾錢

營業收益稅　金何拾何圓何錢

所　得　稅　金八百九拾五圓六拾錢

何々税　金何拾何圓何拾錢也

計　金　何百何拾何圓何拾何錢也

一　直接町（又ハ村）税納額金何圓也（何年度分）（有給町村長及助役ニハ本項調査ヲ要セス）

一　町村制第七條第二項ニ依リ二年ノ制限ヲ特免シタルコトナシ（又ハ町村制第七條第二項ニ依リ何年何月何日町（又ハ村）會ニ於テ「何々ノ理由」ヲ以テ二年ノ制限ヲ特免シタリ）（有給町村長助役ニ付テハ本項ノ調査ハ要セス）

一　町村制第八條第二項、同第九條第二項ニ觸レタルコトナシ（又ハ何々ノ理由ヲ以テ「何年何月何日町（又ハ村）會ノ議決ヲ以テ」何年何月何日ヨリ何年何月何日マテ公民權ヲ停止シタルコトアリ）（有給町村長又ハ助役ニ付キテハ本項ノ調査ハ不要）

一　刑罰ニ處セラレタルコトナシ（又ハ何年何月何日何ケ月ノ禁錮ニ處セラルヽノ言渡ヲ受ケタルモ何ケ年間ノ執行猶豫トナル、何年何月何日猶豫期間滿了）（其他何々何々）

一　現任町村長何某ハ後任者就職マテ在職ノ條件ヲ以テ辭表提出ニ付キ認可書到達ノ翌日ヨリ就職ス（又ハ現ニ有給吏員ナルヲ以テ認可書到達ノ上現職ヲ辭シ就職ス）

調査書《てうさしよ》に添付《てんぷ》すべき履歴書《りれきしよ》の書《か》き方《かた》。

履歴書

市町村吏員ニ關スル書式（其五）

本籍　何道府縣何郡市町村大字何々何番地

現住地　何道府縣何郡市町村大字何々何番地　族稱

何　某

出生年月日

學　事

一　何年何月何日ヨリ何年何月何日迄何地何某ニ就キ（又ハ官公市私立何學校ニ就キ）テ何學ヲ修ム、修ムル所ノ最高ノ程度何々）

一　何年何月何日ヨリ何年何月何日マテ何地官公市私立何學校ニ於テ何學科修業（又ハ卒業）（修業又ハ卒業證書別紙寫ノ通）

一　其他何々

職　業

一　何年何月何日迄何官公私立何學校何職奉職（俸給何圓）

一　何年何月何日ヨリ何官廳何職拜命（月俸何圓）何々ノ事務ニ從事シ何年何月何日何々ノ事由ニ依リ辭職

一　其他何々

賞　罰

一　何年何月何日何々ノ爲メ何賞ヲ受ク又ハ何々ノ爲メ何罰若クハ何刑ヲ受ク

右相違無之候也

年　月　日　何町村長（又ハ代理助役）　何　某　㊞

何府縣知事　何　某　殿

其　六

其《その》五に示《しめ》したる稟請《りんせい》を府縣長官宛《ふけんちやうくわんあて》に差出《さしだ》したるも不認可《ふにんか》の場合《ばあひ》、町村長又《ちやうそんちやうまた》は町村會《ちやうそんくわい》に於《おい》て不服《ふふく》あるときは內務大臣《ないむだいじん》に具狀《ぐじやう》して認可《にんか》を請《こ》ふ事《こと》が出來《でき》る、之《これ》は町村制第《ちやうそんせいだい》六十四條又《でうまた》は第《だい》六十七條《でう》の規定《きてい》に依《よ》るものである、本例《ほんれい》は內務大臣宛《ないむだいじんあて》の稟請書《りんせいしよ》の例《れい》。

町村長（助役、收入役、副收入役）選擧（又ハ選定）認可稟請書ノ乙

何町村名譽職（又ハ有給）町長（又ハ助役、收入役、副收入役）當選（又ハ被定）者　何　某（甲）

右何年何月何日本町村會ニ於テ本町村名譽職（又ハ有給）町村長（又ハ助役）ノ選擧ニ當選シ（又ハ助役ニ定メラレ）タルニ因リ町村制第六十四條ノ規定ニ遵ヒ何年何月何日本町村助役（又ハ町村長）ヨリ何府（又ハ縣）知事何某ニ其認可ヲ稟請シタリ然ルニ何府縣知事何某ハ何々ノ理由ニ

因リ（又ハ何等ノ理由ヲモ示サスシテ）何年何月何日右稟請ニ對シ不認可ノ指令ヲ爲シタリ、然レトモ右何某ハ何々ニシテ右町村長（又ハ助役）タルニ最適任者ナルノミナラス他ニ適當ナル者ナク、又一町村ノ德望モ彼ノ右ニ出ツル者ナク其適當ナルハ選擧ノ狀況ヲ見ルモ明カナル所ニシテ、要スルニ右何某ノ選擧（又ハ選定）ノ認可ヲ得ルコトハ本町村ノ最モ幸福ナリト思惟スル所ナルニ何府縣知事ノ之ヲ認可セサルハ稟請者ノ最モ不服トスル處ニ有之、依而町村制第六十四條第二項ニ依リ右事情ヲ具シ別紙選擧（又ハ選定）ノ議事錄ヲ添ヘ稟請致候ニ付キ右選擧（又ハ選定）認可相成度候也

年　月　日

何府縣何郡何町村長代理助役（又ハ町村長）　何　某（乙）㊞

内務大臣　何　某　殿

（注意《ちうい》）町村會《ちやうそんくわい》に於《おい》て稟請《りんせい》するときは「右何年何月何日ノ町村會ノ議決ニ依リ此段稟請候也」と附記《ふき》し、稟請者《りんせいしや》は「何町村會議長何町村長（又ハ助役）何某」記《き》とすべし、收入役《しうにふやく》、副收入役《ふくしうにふやく》の認可稟請《にんかりんせい》も亦之《またこれ》に準《じゆん》ずるものである。

其七

町村吏員《ちやうそんりゐん》が任期《にんき》中辭《ちうじ》表《へう》の例《れい》であるが、町村制第《ちやうそんせいだい》六十五條《でう》の規定《きてい》に依《よ》らなければならぬ、本例《ほんれい》は名譽職《めいよしよく》の町村長《ちやうそんちやう》、助役等《じよやくとう》の辭職申立《じしよくまをしたて》の場合《ばあひ》の例《れい》である。

名譽職町村吏員ノ辭表

辭　表

何町村名譽職町村長(又ハ助役或ハ何々)　何　某

右別紙醫師ノ診斷書ノ如ク疾病(又ハ父子兄弟ノ緣故アル何某町村長ノ選擧ニ當リ其ノ認可ヲ得タルヲ以テ町村制第六十五條ニ因リ助役ノ職ヲ退キ候又ハ其他何々)ニ因リ其職ニ堪ヘス依テ茲ニ辭表ヲ提出候也

年　月　日

右　何　某　㊞

何町村長(又ハ助役)　何　某　殿

其　八

有給町村長及助役《いうきふちやうそんちやうおよびじよやく》、收入役《しうにふやく》と雖《いへど》も已《や》むを得《え》ざる事由《じいう》に因《よ》り其職《そのしよく》を辭《じ》する場合《ばあひ》には其《その》七に示《しめ》したる書式《しよしき》に準《じゆん》ずるものであるが、其他《そのた》の退職《たいしよく》に於《おい》ては三月前《つきぜん》に申出《まをしいで》なければならなくなつてゐる

有給町村吏員ノ辭表（町村長及助役ノ場合）

辭　　表

何町村有給町村長（又ハ有給助役）　何　　某

右何年何月何日ヨリ退職致候依テ町村制第六十四條第三項ニ依リ三月前ニ於テ申出候也

年　月　日　　右　何　　某　㊞

何町村長（又ハ助役）　何　　某　殿

書記以下ノ町村吏員ノ辭表

辭　　表

何町村書記（又ハ何々）　何　　某

右別紙醫師ノ診斷書ノ通リ疾病ニ依リ其職ニ堪ヘス（又ハ何々ノ事由ニ依リ）依テ職務被免相成度此段願上候也

年　月　日　　右　何　　某　㊞

何町村長　何　　某　殿

其九

有給町村長《いうきふちやうそんちやう》又《また》は有給助役《いうきふじよやく》、收入役《しうにふやく》、副收入役《ふくしうにふやく》報償《はうしやう》ある業務《げふむ》に從事《じうじ》する時《とき》は地方長官宛《ちはうちやうくわんあて》に從事《じうじ》許可申請《きよかしんせい》をしなければならぬ、それは市制第《しせいだい》七十八條《でう》、町村制第《ちやうそんせいだい》六十六條及第《でうおよびだい》六十七條《でう》に準《じゆん》ずるものである其例《そのれい》。

有給町長（又ハ村長、助役、收入役、副收入役）報償アル業務從事許可ノ申請

何町村有給町村長（助役、收入役、副收入役）　何　某

右何某ノ家ハ祖先累代何々（報償アル業務）ヲ爲シ來タリ未タ曾テ之ヲ廢シタルコトナク、右何某ニ於テモ亦之ヲ繼承シ以テ祖宗ノ業務ヲ持續シ來リ候、然ルニ今般右何町村ノ有給町村長（又ハ助役、收入役、副收入役）ニ當選シ其認可ヲ受ケタルヲ以テ當然右業務ハ之ヲ爲スコトヲ得サルコトト爲リタルモ右業務ハ前述ノ如ク祖先累代ノ業務ニシテ之ヲ廢止スルハ寔ニ忍ヒサル處ニ有之、依リテ公私ノ區別ハ固ヨリ之ヲ勵行シ決シテ公職ニ支障ヲ來スコト無之ヲ期スルハ勿論ニ有之候右業務ヲ爲スコトノ許可相成度（其他何々ノ事由ニ依リ）町村制第六十六條ニ依リ此段申請候也

年　月　日　　右　何　某　㊞

何府縣知事　何　某　殿

其　十

特別《とくべつ》の事情《じじやう》ある町村《ちやうそん》に於《お》て町村長《ちやうそんちやう》（又《また》は助役《じよやく》）が收入役《しうにふやく》の事務《じむ》を兼掌《けんしやう》せんとする時《とき》は其許可《そのきよか》を地方長官《ちはうちやうくわん》に請《う》けなければならぬ、それは町村制第《ちやうそんせいだい》六十七條《でう》の規定《きてい》に依《よ》つて許可《きよか》を稟請《りんせい》するのである。

收入役ノ事務兼掌許可ノ稟請

町村ニ收入役ヲ置クハ收支命令者ト出納者トヲ區別スル上ニ於テ重要ナル事ナリト雖モ、本町村ノ如キハ收入支出ハ他ノ事務ニ比シ寡少ニシテ試ニ之ヲ統計ニ見ルニ別紙調書ノ如ク一年ノ收支何圓ニシテ之カ爲ニ特ニ獨立セル收入役ヲ置クノ要ヲ認メサルノミナラス之ヲ財政上ニ見ルモ得策ニ非サルコト勿論ニシテ且本町村ニ於テ收入役タルニ適當ナル者ヲ得難キニ因リ特ニ收入役ヲ置カス町村長（又ハ助役）ヲシテ收入役ノ事務ヲ兼掌セシムルコトノ許可相成度町村制第六十七條第七項ニ依リ此段稟請候也

年　月　日

何町村長　何　某　㊞

何府縣知事　何　某　殿

其　十　一

特別《とくべつ》の事情《じじやう》ある町村《ちやうそん》に於《おい》て副收入役《ふくしうにふやく》を置《お》く條例《でうれい》の書式《しよしき》。町村制第《ちやうそんせいだい》六十七條《でう》の規定《きてい》に準《じゆん》ず。

町村副收入役設置條例

町村制第六十七條第一項但書ニ依リ本町村ニ副收入役ヲ置ク

附　則

本例ハ發布ノ日ヨリ之ヲ施行ス

其　十　二

區長《くちやう》又《また》は區長代理《くちやうだいり》を設《まう》くる場合《ばあひ》の設置條例《せつちでうれい》の例《れい》。市制第《しせいだい》八十二條《でう》、町村制第《ちやうそんせいだい》六十八條《でう》の規定《きてい》に依《よ》るものである。

區長又ハ區長代理者設置規定

第一條　町村制（又ハ市制第八十二條）第六十八條ニ依リ本町村ヲ左ノ何區ニ分チ區長及其代理者各一名ヲ置ク

區　名　　　區　域

第何區（又ハ何々區）　大字何々字何々

第何區（又ハ何々區）　大字何々字何々

第二條　區長及其代理ノ任期ハ四ケ年トス但滿期再選スルコトヲ得（又ハ妨ケス）

第三條　區長及其代理者ノ闕員ヲ生シタルトキハ補闕選擧ヲ行フ、補闕選擧ニ依リ就任シタル者ノ任期ハ前任者ノ殘任期間トス

第四條　區長交迭シタルトキハ前任者ノ退職ノ日ヨリ五日以內ニ其擔任スル事務ヲ後任者ニ引繼クヘシ

第五條　區長ノ擔任スル職務ノ概目左ノ如シ

一　法令諭達ノ周知ニ關スルコト

二　納税義務ノ履行ニ關スルコト

三　勸業、敎育、衞生ノ普及發達ニ關スルコト

四　町村制、諸規則ノ勵行ニ關スルコト

五　道路橋梁ノ改築修理ニ關スルコト

六　風紀ノ矯正、道德ノ涵養ニ關スルコト

七　區內ニ屬スル町村行政ニ關シ町村長ニ意見ヲ開陳スルコト

八　町村長ノ指揮ニ從ヒ區內ニ屬スル必要ノ事項ニ關スルコト及區內ニ關スル諸般ノ調査ヲ爲スコト

第六條　區長ノ家宅ニハ「何々區長事務所」ト記シタル標札ヲ掲クルモノトス

附　則

本規定ハ何年何月何日ヨリ之ヲ施行ス

其十三

市町村《しちやうそん》が常設置《じやうせつち》に關《くわん》する條例《でうれい》の書式《しよしき》。市制第《しせいだい》八十三條《でう》、町村制第《ちやうそんせいだい》六十九條《でう》の規定《きてい》に準《じゆん》ず。

常設委員設置條例

第一條　本町村ハ土木（勸業）（傳染病豫防）（又ハ何々）事務ニ付キ何々委員一人ヲ置ク

第二條　何々委員ハ本町村公民中選擧權ヲ有スル者ヨリ選擧シ其任期ハ四ケ年トス（又ハ何ケ年トス

第三條　何々委員ノ職務概目左ノ如シ

一　何々ヲ管理スルコト

二　何々ヲ何々シテ何々スルコト

附　則

本條例ハ何年何月何日ヨリ（又ハ本條例發布ノ日ヨリ）之ヲ實施ス

其十四

常設委員設置規程

第一例　町村會議員及町村公民ノ兩者ヨリ各選擧スヘキ人員ヲ限定スル場合ノモノ

何町村常設委員設置規定

第一條　本町村ハ町制第六十九條ニ依リ勸業（何々）（土木）（學事）事務ニ付キ「何々」委員ヲ置ク

第二條　委員ノ定數ヲ何人トス其組織左ノ如シ

町村會議員　何人

町村公民中選擧權ヲ有スル者　何人

第三條　委員ノ任期ハ町村會議員ヨリ選擧セラレタル者ハ其任期、公民中ヨリ選擧セラレタル者

ハ四ケ年トス

第四條　委員中闕員ヲ生シタルトキハ補闕選擧ヲ行フ

町村公民ヨリ選擧セラレタル委員ノ補闕トシテ就任シタル者ノ任期ハ前任者ノ殘任期間トス

第五條　委員ノ擔任スル職務ノ概目左ノ如シ

一　何々ヲ何々シテ管理スルコト

二　何々ニ對シテ最モ適當ナル處置ヲ以テ何々スルコト

附　則

本規定ハ何年何月何日ヨリ之ヲ施行ス

（備考《びかう》）本例《ほんれい》の規定《きてい》による時《とき》は公民中《こうみんちう》より選擧《せんきよ》されたる者《もの》が、其委員任期中《そのゐゐんにんきちう》に町會議員《ちやうくわいぎゐん》に當選《たうせん》したる場合《ばあひ》と、町村會議員中《ちやうそんくわいぎゐんちう》より選擧《せんきよ》されたる委員《ゐゐん》が、其町村會議員《そのちやうそんくわいぎゐん》を辭職《じしよく》したる場合《ばあひ》には、何《いづ》れも當然其委員《たうぜんそのゐゐん》たるを失格《しつかく》する事《こと》になるのである。

第二例　町村會議員及町村公民ノ兩者ヲ通シ各別ニ人員ヲ限定セスシテ選擧スル場合ノ例

第一條　本町村ハ町制第六十九條ニ依リ勸業（土木）（又ハ敎育）（或ハ何々）事務ニ付キ「何々」委員何名ヲ置ク

第二條　委員ノ任期ハ四ケ年トス
第三條　委員中闕員ヲ生シタルトキハ補闕選擧ヲ行フ
補闕選擧ニ依リ就任シタル委員ノ任期ハ前任者ノ殘任期間トス
第四條　委員ノ擔任スル職務ノ概目左ノ如シ
一　何ヲ……………………何々ス
一　其他…………………………ス

附　則

本規定ハ昭和何年何月何日ヨリ之ヲ施行ス（或ハ本規程ハ本規發布ノ日ヨリ實施ス）
（備考《びかう》）本例《ほんれい》の規程《きてい》に遵《したが》ふ時《とき》は、町村公民中《ちやうそんこうみんちう》より選擧《せんきよ》されたる委員《ゐゐん》が其任期中町村會議員《そのにんきちうちやうそんくわいぎゐん》に當《たう》選就任《せんしうにん》するも、町村會議員中《ちやうそんくわいぎゐんちう》より選擧《せんきよ》されたる委員《ゐゐん》にして、町村會議員《ちやうそんくわいぎゐん》の職《しよく》を辭《じ》するも直《たゞ》ちに委員《ゐゐん》たるの職《しよく》を失《うしな》ふものでなく、其委員《そのゐゐん》の任期中《にんきちう》は委員《ゐゐん》の職《しよく》に在《あ》るものである。

第三例　町村會議員ノミヨリ選擧スル場合

第一條　本町村ハ町制第六十九條ニ依リ勸業（土木）（教育）（又ハ何々）事務ニ付キ「何々委員」何名ヲ置ク
第二條　委員ハ町村會議員タル者ヨリ之ヲ選擧ス
第三條　委員ノ任期ハ町村會議員ノ任期ト同一トス

第四條　委員中闕員ヲ生シタル場合ハ補闕選擧ヲ行フ
補闕選擧ニ依リ就任シタル委員ハ前任者ノ殘任期間トス
第五條　委員ノ擔任スル職務ノ概目左ノ如シ
一　…………………スヘシ
二　…………………トス

附　則

本規程ハ本規發布ノ日ヨリ之ヲ施行ス

（備考《びかう》）本規《ほんき》に因《よ》れば町村會議員《ちやうそんくわいぎゐん》の職《しよく》を退《しりぞ》くと同時《どうじ》に本委員《ほんゐゐん》をも失格《しつかく》するものである。

其十五

市町村《しちやうそん》で有給吏員《いうきふりゐん》の定數《ていすう》に關《くわん》する規程《きてい》の例《れい》であるが、本規《ほんき》は市制第《しせいだい》八十五條《でう》、町村制第《ちやうそんせいだい》七十一條《でう》に準據《じゆんきよ》すべきものである。

市町村有給吏員定數規程

第一條　町村制第七十一條（又ハ市制第八十五條）ニ依リ本町村（又ハ本市）ニ設置スル有給吏

員ノ定數左ノ如シ

書記　何名　技手　何名

書記補　何名　何々　何名

第二條　臨時事務處辨ノ爲町村長ニ於テ必要アリト認ムル場合ニ於テハ前條ノ外豫算ノ範圍內ニ於テ適宜處要ノ人員ヲ雇入ルコトヲ得ルモノトス

附　則

本規程ハ昭和四年何月何日之ヲ施行ス

其十六

地方《ちはう》に於《おい》ては市町村《しちやうそん》に市町村醫《しちやうそんい》を置《お》くことがある、本規《ほんき》は市制《しせい》第《だい》八十五條《でう》、町村制《ちやうそんせい》第《だい》七十一條《でう》の規程《きてい》に準據《じゆんきよ》すべきものである。

市町村醫設置規程

第一條　本町村（又ハ市）ニ設置スル町村醫（又ハ市醫）ノ定數ヲ何名トシ町村長之ヲ依囑ス

第二條　町村（又ハ市）醫ノ任期ハ參ケ年トス

第三條　町村醫（又ハ市醫）中闕員ヲ生シタルトキハ直チニ補充スルモノトス

第四條　町村（又ハ市）醫ノ擔任スル職務ノ概目左ノ如シ
一　傳染病豫防上必要ナル檢診、健康診斷及死體檢定等ニ關スルコト
二　清潔法、消毒方法ノ施行並ニ設備ノ指揮教導ニ關スルコト
三　傳染病者ノ救療ニ關スルコト
四　種痘ノ施行ニ關スルコト
五　行旅病人ノ診療及治療ニ關スルコト
六　其他町村（又ハ市）衛生事務ニ關スルコト
七　其他醫師トシテノ全般ニ關スル事務ニシテ町村（又ハ市）ニ關係アルモノ
第五條　町村（又ハ市）醫ニハ年額金何百圓ノ手當ヲ支給ス
町村（又ハ市）ニ關スルコトニテノ支出（藥價又ハ衛生材料）ヲ自辦シタルトキハ別ニ相當ノ價格ヲ以テ支給スルコトヲ得

附　則

本規定ハ昭和何年何月何日ヨリ之ヲ施行ス

其　十　七

市町村會《しちやうそんくわい》の議《ぎ》決《けつ》がその權限《けんげん》を超《こ》へたるが爲《た》めに、市町村長《しちやうそんちやう》が再度《さいど》市町村會《しちやうそんくわい》に議《ぎ》せしめたるも、

尚《な》ほ改《あらた》めざる場合《ばあひ》には、市町村長《しちやうそんちやう》より府縣參事會《ふけんさんじくわい》の裁決《さいけつ》を請《こ》ふ事《こと》を得《え》らるゝのである。
それは市《し》制《せい》第《だい》九十條《でう》、町村制《ちやうそんせい》第《だい》七十四條《でう》ノ規程《きてい》に準據《じゆんきよ》するものである。

市町村會ノ越權議決ニ對スル裁決申請

何郡何市町村　何　某

申請ノ事實

右本職管內本町村大字何々ヨリ西南隣村大字何々ニ至ル何々ノ道路（甲）ハ關係各町村ノ發展ニ伴ヒ人車馬ノ通行頗ル激增セルニ拘ラス右道路ハ舊來ノ儘ニシテ、道路巾一間ニシテ然モ迂餘曲折峻坂多ク斷崖四ケ所モアリテ、通行ニ甚クシク不便ニシテ、其斷崖ニ至リテハ寔ニ危險ニシテ降雨ノ節ニハ今日ニ至ル迄ニ既ニ數十人ノ重傷者、死者等ヲ出シタルノミナラス、何々川一度氾濫スルトキハ道路ノ崩壞スルモノ十數ケ所ニシテ年々多額ノ改修費ヲ要シ、過去十ケ年ニ費シタル改修費ノミニテモ金何千圓ニ達シタリ、依テ寧ロ他ニ交通ニ利便ニシテ且危險ナキ新道路ヲ開築スルカ、交通利便及ヒ本町村並ヒニ關係町村ノ發展ヲ圖ルノ最モ當ヲ得タルモノナルヲ認メ、調查並ニ企劃ニ遺漏ナキヲ期シ漸ク其案ヲ得別紙ノ如ク「甲道路開築」ノ議案ヲ發シ、其ノ議決ノ爲メ何年何月何日町（又ハ村）會ヲ招集シテ之ヲ付議シタリ、然ルニ別紙會議錄ノ如ク町（又ハ村）會ハ何年何月何日之ヲ以テ不必要トナシ、之ト全然反對ノ（乙）西北道路ヲ開築スルノ必要アリトシ、甲道路ノ議案ハ全然之ヲ變更シテ議決シタルノミナラス剩サヘ本職ノ不信任ヲ議決シタリ、依テ本職ハ何年何月何日右道路開鑿ノ件ニ就テハ町（又ハ村）會ニ對シ再議ニ付シタルモ同町（又ハ村）會ハ同日更ラニ前議決ヲ改メサル旨ヲ議決シタリ依テ町村制第七十四條（又ハ市制第九十條）第二項ニ依リ右町（又ハ村）會ノ道路開鑿ノ件ニ對スル議決及本職不信任ノ議決ニ對シ裁決ヲ請フ爲メ此申請ニ及ヒタリ

理　由

右本町（又ハ村）會ノ（一）甲道路開鑿ノ件ニ對スル議決ハ本職ノ原案ヲ全然否決スルト共ニ全ク原案ニ存セサル乙道路開鑿ノ新ナル事項ヲ議決セルモノニシテ、之ヲ修正ナリト稱スト雖モ、原案以外ニ亘リ新ナル事項ヲ議決セル以上修正ノ範圍ヲ脱シ本職ノ發案權ヲ侵害スルモノナリ、（二）又同町（又ハ村）會カ本職ノ不信任ヲ議決シタル如キモ亦法律上町（又ハ村）會ノ權限ニ屬セサル所ニシテ、之ヲ要スルニ右第一及第二共ニ町村制第七十四條ニ所謂町（又ハ村）會ノ議決共權限ヲ越ヘ而シ各第一ハ再議ニ付シタルモ尙ホ改メサルモノニシテ、右二個ノ議決ハ共ニ取消サルヘキモノナルコト勿論ナリト信ス

申　請　ノ　要　旨

何年何月何日町（又ハ村）會ニ於テ議決シタル「何々ノ件」何年何月何日同町（又ハ村）會ノ議決シタル何々町（又ハ村）長不信任ノ議決ハ之ヲ取消ストノ裁決相成度候也

年　月　日

何郡何市町村長　何　某　㊞

何府縣參事會（何府縣知事）　何　某　殿

其十八

其《その》十七の申請《しんせい》に對《たい》する府縣參事會《ふけんさんじくわい》の裁決《さいけつ》に對《たい》する町村會《ちやうそんくわい》の行政裁判所《ぎやうせいさいばんしよ》に出訴《しゆつそ》する不服《ふふく》の訴狀《そじやう》及其《およびその》府縣參事會《ふけんさんじくわい》より再度《さいど》裁決《さいけつ》を有効《いうかう》ならしむる行政《ぎやうせい》上《じやう》の裁判反訴狀等《さいばんはんそじやうとう》あるも現在《げんざい》に至《いた》るまで我《わが》國《くに》にては未《いま》だ其處《そこ》までの深《ふか》き不服《ふふく》もないと見《み》えて一回《くわい》だに斯《か》かる訴狀《そじやう》の提出《ていしゆつ》された事《こと》がないから全然不要《ぜんぜんふえう》なものとして其掲載《そのけいさい》を遠慮《ゑんりよ》する事《こと》にした。

其十九

町村會《ちやうそんくわい》が成立《せいりつ》せず又《また》は除斥《ぢよせき》、招集再回《せうしふさいくわい》、出席催告等《しゆつせきさいこくとう》に因《よ》るも尚《な》ほ會議《くわいぎ》を開《ひら》くこと不能《ふのう》の場合《ばあひ》に府縣參事會《ふけんさんじくわい》に具狀《ぐじやう》して指揮《しき》を請《こ》はねばならぬ其禀請書《そのりんせいしよ》の書式《しよしき》。本例《ほんれい》は市制《しせい》第《だい》九十一條《でう》、町村制《ちやうそんせい》第《だい》七十五條《でう》の規程《きてい》に準據《じゆんきよ》すべきものである。

町村會不成立（又ハ開議不能）ニ因ル

事件處置指揮稟請書

何郡何町村長　何　某

稟請ノ事實

本町村小學校舍ハ何年何月何日ノ建築ニ係リ朽廢ノ箇所多ク之カ修繕增築ヲ爲スニ非サレハ就學兒童ヲ收容シキレサル爲メ、近時發展ノ度著シキ本町村ニ於テ三部教授ノ止ムナキニ至リ斯クテハ少年ノ教育ニ對シテ一大問題ナルニ依リ、別紙修繕增築費ニ關スル豫算ヲ付議議決セン爲メ本町村會ヲ招集セントスルモ、本町村會ハ議員何名退職後未タ其補闕選擧ヲ爲スニ至ラス不成立ニ（又ハ付議議決スル爲メ何年何月何日ヲ以テ町村會ヲ招集シタルモ議員ノ除斥若クハ招集再回、出席催告ニ因ルモ「何々ノ理由ヲ詳記」ノ爲メ議員ノ出席ナク仍ホ會議ヲ開クコト能ハス）（又ハ何々ノ事情ニ仍テ速急ニ開議ヲ開クコト不能ニ付キ）シテ右ノ豫算ヲ議決實行スルコトヲ得ス依テ町村制第七十五條ニ依リ右ノ事實ヲ具狀シテ指揮ヲ請ヒ右事件ヲ處置スル爲メ此稟請ヲ爲シ候也

理由

本町村小學校舍ハ前記ノ如ク朽腐ニシテ其修繕ヲ要スル箇所アリ、又近時ノ發展膨脹ニ伴《ツレ》テ就學兒童激增ニ伴フ增築ノ必要アル處、町（又ハ村）會前記ノ如ク不成立（又ハ其他何々ノ事情ノ爲メ）ニシテ之カ豫算ヲ得ルコトヲ得ス、然ルニ今春新タニ就學スル入學兒童ハ約千四百餘名アリ今ニシテ右校舍ノ修繕增築ヲ爲スコトヲ得スンハ來ルヘキ新學期ニ於テハ前記ノ如キ多數ノ新入

學兒童ヲ收容スルコト能ハサル狀態ニ陷ルハ火ヲ見ルヨリ明ナリ、依テ假リニ別紙豫算ニ依リ急速ニ修理增築ヲ爲シ夫レニ備ヘントスルナリ（又ハ臨時校舍トシテ何々ニアル建築物カ幸ヒ空家ナルヲ以テ之ヲ借入レ急場ノ用ニ處セントスルナリ）（其他何々）

稟　請　ノ　要　旨

本町村小學校舍ニ關シ（又ハ何々ニ關シ）前記理由ニ依ル處置ニ付キ御指揮相成度候也

年　月　日

何郡何町村長　何　某　㊞

何府縣參事會　何　某　殿

其　二　十

市町村會ノ議決（又ハ決定）ヲ爲サヽルニ因ル處置指揮稟請

市制第《しせいだい》九十一條《でう》、町村制第《ちやうそんせいだい》七十五條《でう》の規程《きてい》に市町村會《しちやうそんくわい》が其《その》議決《ぎけつ》又《また》は決定《けってい》を爲《な》すべき事件《じけん》を議決《ぎけつ》又《また》は決定《けってい》せさる場合《ばあひ》には、府縣參事會《ふけんさんじくわい》の議決《ぎけつ》又《また》は府縣知事《ふけんちじ》の指揮《しき》を乞《こ》ふ事《こと》が出來《でき》る、此稟請書《このりんせいしよ》の書式《しよしき》は其《その》十九に示《しめ》せるものに準《じゆん》ずればよい。

其二十一

町村長《ちやうそんちやう》の事務《じむ》を助役《じよやく》（又《また》は區長《くちやう》）に分掌《ぶんしやう》せしむる場合《ばあひ》には市制第《しせいだい》九十四條《でう》、町村制第《ちやうそんせいだい》七十八條《でう》に依《よ》つて府縣知事《ふけんちじ》又《また》は府縣參事會《ふけんさんじくわい》に許可《きよか》を請《こ》はねばならぬ、本例《ほんれい》は其許可《そのきよか》の稟請書《りんせいしよ》である。

市町村長ノ事務ヲ助役（又ハ區長）ニ分掌セシムル許可稟請書

助役（又ハ區長）ニ分掌セシムヘキ事務

一　何々ニ關スル事務

二　何々ニ關スル事務ノ內何々及何々ニ關スル事務

當市町村ニ於テハ目下何々ノ事業ヲ劃シ市町村長ノ事務頗ル繁劇ニ涉ルノミナラス（又ハ當市町村ニ於テハ現時異狀ノ發展ニ伴ヒ市町村長ノ事務頗ル繁劇ヲ來シタルノミナラス）市町村長ハ往々廳外事業施行地ニ在ルコト多度ナルニ反シ（又ハ町勢ノ視察並ニ隣接町村トノ接涉事件ノ爲メ廳外ニ在ルコト多キニ反シ）右ノ事務中何々ニ關スルモノ及何々ニ關スル事務中何々ニ關スルモノハ常ニ廳內ニ在リ助役ヲシテ之ヲ分掌セシムルトキハ却テ其處理早ヲ致シ便宜甚タ尠カラス、依テ之ヲ助役ニ分掌セシムルノ許可ヲ得度、別紙事務分掌ニ關スル規程（分掌事務ニ規程アルト

市町村吏員ニ關スル書式（其二十一）

キ）及町村會贊同ノ議決書（分掌事務ノ町村ノ事務ナル場合）ヲ添付シ町制第七十八條第一項ニ依リ此段稟請候也

年　月　日　　何郡何町村長　何　某　㊞

何府縣參事會　何　某　殿

（備考《びかう》）區長《くちやう》に分掌《ぶんしやう》せしむる場合《ばあひ》は本書式《ほんしよしき》に準《じゆん》ずべし。

前號《ぜんがう》の書式《しよしき》に添附《てんぷ》すべき事務分掌《じむぶんしやう》に關《くわん》する規程《きてい》の例《れい》。市制第《しせいだい》九十四條《でう》、町村制第《ちやうそんせいだい》七十八條《でう》に準《じゆん》據《きよ》して作《つく》るべきものである。

市町村長事務分掌ニ關スル規程

第一條　町村制第七十八條ニ依リ町村長ノ事務ノ一部ヲ左ノ通リ助役「又ハ區長」ニ分掌セシム

助役（又ハ區長）

一　何々ノ事務

二　何々ノ内何々ニ關スル事務

第二條　助役（又ハ區長）故障アル爲分掌事務ヲ行フコト能ハサル場合ニ於テハ町村長之ヲ行フ

附　則

本規程ハ何年何月何日ヨリ之ヲ實施ス

其二十二

收入役《しうにふやく》多忙《たばう》なる爲《た》め收入役《しうにふやく》の事務《じむ》を代理《だいり》せしむる時《とき》は府縣知事《ふけんちじ》に其許可《そのきよか》を稟請《りんせい》しなければならぬ、市制《しせい》第《だい》九十七條《でう》、町村制《ちやうそんせい》第《だい》八十條《でう》の規程《きてい》に準據《じゆんきよ》すべきである。

收入役ノ事務ヲ代理スヘキ吏員認可稟請

何郡何町村書記（又ハ何々）　何　某

右町村制第八十條第二項ニ依リ本町村收入役故障アルトキハ之ヲ代理スヘキ吏員ト定メ候ニ付キ認可相成度別紙履歴書（必要アル場合ノミ）及身元調書（必要アル場合ノミ）ヲ添附シ此段稟請候也

年　月　日

何郡何町村長　何　某

何府縣知事　何　某　殿

給料及給與ニ關スル書式

市町村《しちやうそん》の名譽職員《めいよしよくゐん》費用《ひよう》の辨償規程《べんしやうきてい》の例《れい》、本規定《ほんきてい》の作成《さくせい》に就《つい》ては市制第《しせいだい》百四條《でう》、町村制第《ちやうそんせいだい》八十四條《でう》の規程《きてい》に準《じゅん》ずべきものである。

其一

市町村名譽職員費用辨償規程

第一條　本村（町）名譽職員職務ノ爲メ要スル費用ノ辨償ハ本規定ニ依リ之ヲ支給ス

第二條　名譽職員ニ支給スヘキ費用ノ辨償ハ出務手當、旅費及賄料ノ三種トス

第三條　出務手當ハ一日金何圓トシ左ノ場合ニ於テ其出務シタル現日數ニ應シ之ヲ支給ス

一　選擧立會人選擧會ニ出務シタルトキ

一　區長、區長代理者、委員、村（町）長ノ指揮ニ依リ會議シ其他職務ノ爲メ出務シタルトキ、但第四條ニ依リ旅費ノ支給ヲ受クル場合ハ之ヲ除ク

一　村（又ハ町）會議員會議ノ爲メ出務シタルトキ

一　町（又ハ村）會ニ於テ選擧シタル議員臨時出納檢査ニ立會シ又ハ町村制第四十二條第二項ニ依ル檢査ヲ行フ爲メ出務シタルトキ

第四條　旅費ハ公務ノ爲メ旅行シタルトキ之ヲ支給ス
旅費ハ別表ニ定ムル所ニ依ル
旅費支給ノ方法ハ本村（又ハ町）旅費規程ヲ準用ス
第五條　賄料ハ宿直又ハ徹夜勤務ヲ爲シクルトキ之ヲ支給ス
賄料ノ額及其支給ノ方法ハ本村（又ハ町）賄料支給規程ヲ準用ス

附　則

第六條　本規程ハ何年何月何日ヨリ之ヲ施行ス

其　二

市町村吏《しちやうそんり》員《ゐん》報酬《ほうしう》及《および》給料額《きふれうがく》規程《きてい》の例《れい》。本規程《ほんきてい》は市制第《しせいだい》百四條《でう》、町村制第《ちやうそんせいだい》八十四條《でう》の規程《きてい》に準據《じゆんきよ》すべきものである。

市町村吏員報酬及給料額規程

第一條　本町（村）名譽職員ノ報酬額左ノ如シ
町（又ハ村）長　年額　金何千何百圓也
助役　年額　金何百圓也

給料及給與ニ關スル書式（其二）

學務委員　年額　金何百圓也
何々委員　年額　金何百圓也
區長
第何區長　年額　金何百圓也
第何區區長　年額　金何百圓也
區長代理者　年額　金何百圓也
收入役　年額　金何百圓也

第二條　本町（又ハ村）有給吏員ノ給料額左ノ如シ

町（又ハ村）長　月額　金何百圓也
助役　月額　金何百圓也
收入役　月額　金何百何十圓也
副收入役　月額　金壹百圓也
書記　月額　金四十五圓以上金壹百五十圓以下
技手　月額　金五十圓以上金百八十圓以下
書記補　月額　金三十圓以上金六十圓以下
何々　月額　金四十圓以上金八十圓以下

附則

本規程ハ何年何月何日ヨリ之ヲ施行ス

(備考《びかう》)町《ちやう》(又《また》は村《そん》)長《ちやう》、及助役《およびじよやく》の報酬給料額《はうしうきふれうがく》は名譽及有給《めいよおよびいうきふ》の區別《くべつ》により報酬及給料《はうしうおよびきふれう》の何《いづ》れか一方《ぽう》に規程《きてい》すべきものである。

其三

市町村給料《しちやうそんきふれう》、報酬《はうしう》、手當支給方法《てあてしきふはうはふ》の規程《きてい》は市制第《しせいだい》百四條及第《でうおよびだい》百五條《でう》、町村制第《ちやうそんせいだい》八十四條及第《でうおよびだい》八十五條《でう》の規程《きてい》に準據《じゆんきよ》して作製《さくせい》するものである。

市町村給料、報酬、手當支給規程

第一章　總則

第一條　町(村)費支辨ニ屬スル給料報酬及手當ハ別ニ規定アルモノヲ除ク外本規程ニ依リ之ヲ支給ス

第二章　給料

第二條　年給ハ之ヲ十二分シ毎月之ヲ支給ス

第三條　給料ハ左ノ定日ヲ以テ之ヲ支給ス但休日又ハ日曜ニ當ル場合ハ繰下ク

年給及月給　每月二十五日

日　　給　每月末日

第四條　新ニ就職シ又ハ任用セラレタル者ノ其月分ノ給料ハ就職又ハ發布ノ翌日ヨリ日割計算ヲ以テ支給ス

停職又ハ職務執行停止ヲ解除セラレタル者及增給減給ノ者ノ其月分ノ給料ハ發令ノ翌日ヨリ日割計算ヲ以テ支給ス

第五條　退職、失職、廢職及死亡シタル者ノ給料ハ第六條ニ該ルモノノ外ハ其月分ノ金額ヲ支給ス但其月再ヒ本町(村)吏員ト爲リタル者ニハ就職及任用發令ノ當日迄日割計算ヲ以テ支給ス

前項ノ場合ニ於テ第八條第一項ニ依ル減給者ニハ減給ノ額ヲ支給ス

第六條　左ノ事項ニ依リテ解職又ハ停職或ハ失職シタル者ノ給料ハ其月ノ發令又ハ失職ノ當日迄日割計算ヲ以テ支給ス

一　懲戒處分ニ依リ解職セラレタル者

二　犯罪アリタルカ爲メ免職セラレタル者

三　停職又ハ職務執行ノ停止ヲ命セラレタル者

四　禁錮以上ノ刑ノ宣告ヲ受ケタルカ爲メ失職シタル者

第七條　退職及解職又ハ廢職若クハ支給定日後就職增給等ノ事由ヲ生シタル爲メ給料ノ支給ヲ要スルトキハ其際之ヲ支給ス

第八條　病氣ノ爲メ執務セサルコト九十日ヲ踰ユル者及私事ノ故障ニ由リ執務セサルコト三十日ヲ踰ユル者ハ給料ノ半額ヲ減ス但職務ノ爲メノ傷痍ヲ受ケ若クハ疾病ニ罹リ又ハ賜暇休養スル者ハ此限ニ在ラス

病氣ト私事故障ト相踵テ起リタルトキハ其日數ヲ通算セス

第一項但書ノ場合ト病氣若ハ私事故障ト相踵テ起ルトキハ第一項但書ノ場合ニ於ケル日數ハ減給トナルヘキ日數中ニ算入セス

第九條　軍籍ニ在ル者召集セラレ軍人俸給ノ支給ヲ受クル間ハ給料ヲ支給セス但シ其額本職ノ給料額ヨリ寡少ナルトキハ其不足額ノミヲ支給ス

第十條　他町村ヨリノ依賴ニ依リ本町村長ノ指揮ニ依リ他町村ニ應援又ハ臨時招聘サレタル場合ハ其間ノ給料ハ他町村ヨリ受クルモノトス但シ其額本職ノ給料ヨリ寡少ナルトキハ其不足額ノミヲ支給ス

第十一條　日給ハ現勤日數ニ應シ支給スルモノトス勤務ニ連續スル休日及第八條第一項但書ニ該當スル缺勤日數忌引ノ日數ハ現勤日數ニ算入ス

日給ヲ受クル者ノ增給ハ發令ノ當日、減給ハ其翌日ヨリ計算支給ス

第十二條　退職、解職、失職、廢職ノ者事務引繼　殘務整理ノ爲メ公務ニ從事スルトキハ其間仍ホ從前ノ給料ヲ支給ス但第五條ニ依リ當月分ノ給料金額ノ支給ヲ受ケタル者ハ其翌日以降ニ涉ルモノニ對シテノミ之ヲ支給ス

給料及給與ニ關スル書式（其三）

第十三條　日割計算ノ法ハ其月ノ現日數ニ依ル、其計算上錢位未滿ノ端數ヲ生シタルトキハ之ヲ錢位ニ切上クルモノトス

第三章　報酬及手當

第十四條　年額ヲ以テスル報酬及手當ノ支給期日ハ左ノ區分ニ依ル
一　年額五十圓未滿ノモノ　毎年度三月末日
二　年額五十圓以上壹百圓未滿ノモノ　二分シ毎年度九月、三月ノ各末日
三　年額壹百圓以上貳百圓未滿ノモノ　四分シ毎年度六月、九月、十二月、三月ノ各末日
四　年額貳百圓以上ノモノ　十二分シ毎月廿五日

第十五條　前條第一號乃至第三號ニ該當スル報酬又ハ手當ノ支給ヲ受クル者新ニ就職シ又ハ退職失職、廢職、死亡シタルトキハ月割計算ヲ以テ支給シ其給額ノ增額ノ場合ハ其當月ヨリ、又減額シタル場合ハ其翌月ヨリ計算支給スルモノトス

第十六條　一時ノ報酬及手當ハ其際之ヲ支給ス

第十七條　前三條ニ定ムルモノノ外報酬手當ノ支給ニ關シテハ本規程第二章ノ規程ヲ準用ス

附　則

本規程ハ何年何月何日ヨリ之ヲ施行ス

其四

市町村《しちやうそん》有給《いうきふ》吏員《りゐん》が公務《こうむ》にて他《た》に旅行《りよかう》したる場合《ばあひ》に支給《しきふ》する旅費規程《りよひきてい》の例《れい》。本規程《ほんきてい》ハ市制第《しせいだい》百五條《でう》、町村制第《ちやうそんせいだい》八十五條《でう》に準機《じゆんきよ》すべきものである。

市町村有給吏員旅費規程

第一條　本町（又ハ村）有給吏員公務ニ依リ旅行スルトキハ本規程ニ依リ旅費ノ支給ヲナス

第二條　旅費ハ鐵道費、船舶費、車馬費、日當、宿泊料、食費ノ六種トシ別表ノ定ムル所ニ從ヒ順路ニ依リ之ヲ支給ス但公務ノ都合上順路ニ依リテ旅行シ難キ場合ニ於テハ其現ニ通過シタル路順ニ依ル

第三條　鐵道費ハ鐵道旅行ノ粁數、船舶費ハ水路旅行ノ海里數、車馬費ハ陸路旅行ノ里數、宿泊料ハ夜數、日當ハ日數、食費ハ時間數ニ應シ之ヲ支給ス

鐵道又ハ水路ニ依ラサル旅行ハ之ヲ陸路旅行トス

水路旅行ニハ宿泊料ヲ支給セス

第四條　旅費ノ支給ニ關シテハ旅行日數ノ計算ハ出張地ニ於ケル滯在日數及途中公務ノ爲メ要シタル日數ヲ除ク外鐵道旅行ハ二百哩、水路旅行ハ百海里、陸路旅行ハ十二里ニ付キ一日ノ割合ヲ以テ通算シタル日數ヲ超過スルコトヲ得ス但シ一日未滿ノ端數ハ之ヲ一日トス

第五條　鐵道四十八哩未滿、水路三十海里未滿、陸路六里未滿ノ旅行ニハ職務ノ都合ニ依リテ宿泊シタル場合ヲ除ク外其支給スヘキ日當ハ定額ノ半額トス
一旅行ニシテ陸路、鐵道、水路ニ互ルトキハ鐵道ハ八哩、水路ハ五海里ヲ以テ陸路一里ト看做シ前項ノ規定ヲ準用ス
第六條　本町（又ハ村）用ノ車、馬、船ニテ旅行スルトキ及旅行先ニ於ケル同一市町村ノ巡回ニハ第三條ノ鐵道賃及車馬費ヲ支給セス
第七條　講習又ハ視察、研究ノ爲メ旅行スル場合ニ於テハ町（又ハ村）長ハ旅費ノ定額ヲ減シ又ハ其一部ヲ支給セサルコトヲ得
第八條　本町（又ハ村）内ノ巡回ニシテ其往復二里以上ニ渉ルトキ又ハ其用務カ終日ニ渉ルトキハ日當一日金何圓トシ公務ノ都合ニテ宿泊料一夜金何圓ヲ支給ス
第九條　特別ノ事情ニヨリ定額ノ鐵道賃、船賃又ハ車馬賃ヲ以テ其實費ヲ支辨シ難キ場合ニ於テハ特ニ實費額ヲ支給スルコトヲ得
第十條　鐵道費、船舶費、車馬費ハ各其路程ヲ合算シテ之ヲ支給ス但定額ヲ異ニスルモノニ付テハ各別ニ計算シ之ヲ通算スルモノトス
通算上一哩、一海里又ハ一里未滿ノ端數ヲ生シタル場合ニハ切上ケテ一里又ハ一哩、一海里トシテ計ス（又ハ之ヲ切捨ツルモノトス）
第十一條　本町（又ハ村）内一里以内ノ所ニ於テ公務ニ從事シタルトキ又ハ廳内ニ於テ正規ノ勤

務時間ヲ超過スルコト參時間以內ノトキハ旅費ヲ支給セス食費ヲ支給スルモノトス

第十二條　年度又ハ日ニ依リ旅費ヲ區分シテ計算スルノ必要アル場合ニ於テ其區分判明ナラサルトキハ最近ノ到着地ニ着シタル日ヲ以テ其旅程ヲ區分シ計算スルモノトス

第十三條　新ニ任用セラレタル者若クハ任用ノ爲メ召喚セラレタル者ニハ新任職相當ノ旅費ヲ支給ス

第十四條　旅行中退職、失職、廢職ト爲リタル者ニハ舊任地ニ至ル迄前職相當ノ旅費ヲ支給ス但犯罪アリタル爲メ免職又ハ懲戒處分ニ依リ解職セラレ若クハ禁錮以上ノ刑ノ宣告ヲ受ケタルカ爲失職シタル者ハ此限ニ在ラス

前項ノ場合ニ於テハ第四條ニ定メタル旅程ノ割合ヲ以テ計算シタル日數ニ依リ旅費ヲ支給ス

旅行中死亡シタル場合ニ於テハ前二項ノ規程ニ準シ旅費ニ相當スル金額ヲ遺族ニ支給ス

前項ノ遺族トハ本町（又ハ村）有給吏員遺族扶助例（又ハ官吏遺族扶助例）ニ於テ遺族ト認ムル者ヲ稱ス

第十五條　事務引繼殘務整理ノ爲メ退職者ニ旅行ヲ命スルトキハ前相當ノ旅費ヲ支給ス

附　則

本規程ハ昭和何年何月何日ヨリ之ヲ施行ス

旅　費　表

鐵道費　一等級　何程　二等級　何程　三等級　何程

車馬費　……

給料及給與ニ關スル書式（其五）　

（備考《びかう》）一、等級及《とうきふおよび》二等級等《とうきふとう》の區別《くべつ》は町村吏員《ちやうそんりゐん》の俸給支給額《ほうきふしきふがく》に應《おう》じて定《さだ》めたる處《ところ》もあり、又町村《またちやうそん》長《ちやう》、助役《じよやく》、收入役等《しうにふやくとう》と他《た》と一律《りつ》に區分《くぶん》した處《ところ》もありて一樣《やう》ならざれども任意《にんい》に決定《けつてい》して差支《さしつか》へないものと認《みと》むる。

其五

市町村《しちやうそん》で支給《しきふ》する賄料《まかなひれう》に關《くわん》する規程《きてい》の例《れい》。市制第《しせいだい》百四條又《でうまた》は第《だい》百五條《でう》、町村制第《ちやうそんせいだい》八十四條及《でうおよび》第《だい》八拾五條《でう》に準據《じゆんきよ》して作製《さくせい》すべきである。

市町村賄料支給規程

第一條　有給吏員及使丁ニシテ宿直又ハ徹夜勤務ヲ爲シタルトキハ其區分ニ依リテ賄料ヲ支給ス

但出張先又ハ宿直員ニ於テ徹夜勤務ヲ爲シタルトキハ夜勤賄料ヲ支給セス

吏　員	宿直一夜ニ付	金何圓何十錢	夜勤一夜ニ付	何圓何十錢
使　丁	宿直一夜ニ付	金何　十　錢	夜勤一夜ニ付	何　十　錢

第二條　賄料ハ毎一ケ月分カラ取纏メ翌月五日迄ニ之ヲ支給ス但退職、辭職、失職、廢職死亡ノ者ニハ其際之ヲ支給ス

附則

本規程ハ昭和何年何月何日ヨリ之ヲ施行ス

其六

市町村有給吏員《しちやうそんいうきふりいん》の年功加俸《ねんこうかほう》の規程《きてい》の例《れい》。本規程《ほんきてい》も市制第《しせいだい》百四條及第《でうおよびだい》百五條《でう》、町村制第《ちやうそんせいだい》八十四條《でう》及第《およびだい》八十五條《でう》の規定《きてい》に準據《じゆんきよ》して作製《さくせい》しなければならないものである。

市町村有給吏員年功加俸條例

第一條　本町（又ハ村）有給吏員ニシテ何箇年以上勤續シ其成績佳良ト認メタルモノニハ年功加俸ヲ支給ス

第二條　年功加俸ハ勤續何箇年未滿ノ者ハ年額何圓（又ハ本俸何ケ月分）トシ勤續何箇年以上ハ何ケ年ヲ加フル毎ニ年額何圓（又ハ本俸何ケ月分）ヲ增加シ年額何圓ニ至リテ止ム

第三條　俸給吏員ノ勤續年數ハ就職ノ月日ヨリ起算ス

前項ノ勤續年數ハ一時退職ノ後再ヒ就職シタル者ニ在リテハ再ヒ就職シタル月ヨリ起算スルモノトス但左ノ各號ノ一ニ該當スル場合ハ總テノ年數ヲ通算ス

一　任期アル有給吏員ト爲ル爲メ一旦退職シ直チニ任期アル有給吏員ニ就職シタルトキ

二　任期アル有給吏員ニシテ任期滿了後十日以內ニ再ヒ有給吏員ノ職ニ就キタルトキ
三　兵役ニ服スル爲メ其職ヲ去リタル有給吏員ニシテ其兵役ヲ終リタル後八十日間以內ニ再ヒ有給吏員トシテ本町（又ハ村）ニ就職シタルトキ
年功加俸ヲ受クルノ權利ヲ失ヒ又ハ之カ支給ヲ停止セラレタル間ニ於ケル在職年數ハ之ヲ年功加俸支給ノ勤續年數ニハ算入セス
第四條　支給スル年功加俸ハ之ヲ十二分シ（又ハ四分シ或ハ何分シ）每月分給料ト同時ニ之ヲ支給ス（或ハ每年何月何日ニ分與ス）
第五條　新ニ加俸ヲ受クル者ハ發令ノ當月ヨリ月割ヲ以テ（又ハ何ケ月分ヲ纒メテ）支給シ、失職、退職、廢職、辭職、死亡又ハ加俸ノ支給ヲ停止セラレタル者ハ該月分（又ハ支給ヲ罷メラレタル其月）ヨリ支給ス
加俸ハ疾病其他給料支給規程ニ許サレタル事故ニ因リ出務セサルコトアルモ之ヲ減給セス但停職ノ場合ニ於テハ其當月ヨリ其支給ヲ停止ス
前項但書ニ該當スル者ニシテ復職シタルトキハ復職ノ翌月ヨリ（又ハ其月ヨリ）月割ヲ以テ（又ハ何回ニ分チ）之ヲ支給ス
第六條　年功加俸ヲ受クル者懲戒處分ヲ受ケタルトキハ加俸ヲ受クルノ權利ヲ失フ
加俸ヲ受クル者成績佳良ナラスト認メタルトキハ加俸ヲ支給セス
前二項ニ因リ加俸ノ支給ヲ停メラレタル者以後改悛ノ情顯著ニシテ再ヒ成績佳良ト認ムルニ復

りクルトキハ特ニ加俸ヲ支給スルコトヲ得

第七條　第一條及第六條第三項ニ依リ年功加俸ヲ支給シ及第六條第二項ニ依リ年功加俸ノ支給ヲ停止スル場合ハ町村會ノ議決ヲ經ルモノトス

第八條　本町(村)ノ本給吏員ニシテ前第一條乃至第七條ノ一ニ該當セサルモノニシテ年功加俸ヲ受クル資格ナキ吏員ナリト雖モ本町（又ハ村）ノ爲メニ特ニ貢獻ノ顯著ナルヲ認メラレタル者及特別ノ功勞アリト認メル者ニハ町（又ハ村）會ノ議決ニ依リ年功加俸ヲ受クル資格ヲ受クルコトヲ得

本項ニ依ル年功加俸支給ハ其最モ小額ノモノナリトス但勤續年數ノ加算ニ依ル增額ハ就職シタル日ヨリ何ケ年以上ヲ超ユルニ非サレハ得ラレサルモノトス

本項ノ支給ヲ受ク者ト雖モ前各條ノ適用ヲ受クルモノトス

附　則

本條例ハ發布ノ日ヨリ之ヲ施行ス（又ハ何年何月何日ヨリ之ヲ施行ス）

其　七

市町村《しちやうそん》有給《いうきふ》吏員《りゐん》の隱退《いんたい》の場合《ばあひ》に支給《しきふ》する隱退料《いんたいれう》に關《くわん》する條例《でうれい》。本條例《ほんでうれい》は市制《しせい》第《だい》百六條《でう》、町村制《ちやうそんせい》第《だい》八十六條《でう》に依《よ》りその作製《さくせい》をしなければならぬ。

本條例《ほんでうれい》は地方《ちはう》では一般《はん》に恩給條例《おんきふでうれい》とか或《あるひ》は隱退料條例《いんたいれうでうれい》と云《い》つて此《こ》の條例《でうれい》に退職給與金《たいしよくきふよきん》、死亡給與金及遺《しばうきふよきんおよびゐ》族扶助料條例《ぞくふじよれうどうれい》の規定《きてい》をも併《あは》せて規程《きてい》したもの等《とう》もありて一樣《やう》ならずと雖《いへど》も、本例《ほんれい》は內務省《ないむしやう》の通達《つうたつ》に基《かとう》きて作《つく》りたる例《れい》を示《しめ》したものである。

市町村有給吏員退隱料條例

第一條　本町（又ハ村）有給吏員ハ此ノ條例ノ規定スル所ニ依リ退隱料ヲ受クルノ權利ヲ有ス

第二條　在職滿何年以上ニ至リ退職シタル者ニハ終身退隱料ヲ支給ス但シ左ノ各號ノ一ニ該當スルトキハ此限ニ在ラス

一　年齡六十年未滿ニシテ自已ノ便宜ニ依リ退職シタルトキ

二　懲戒ニ依リ解職セラレタルトキ

三　町（又ハ村）長ニ於テ任免スヘキ有給吏員ニシテ犯罪アリタルカ爲免職サレタルトキ

四　職ニ就キタルカ爲メ公民タルノ權ヲ得ヘキ職務ニ在ル者ニシテ禁錮以上ノ刑ノ宣告ヲ受ケタル爲失職シタルトキ但シ後ニ免訴若ハ無罪ノ言渡アリタル場合又ハ有罪ノ宣告アルモ禁錮以上ノ刑ニ該ラサル場合ニ於テハ其裁判確定ノ日ヲ待チテ失職ノ當時ニ遡リテ退隱料ヲ支給ス

第三條　前條退隱料年額ハ退職當時ノ給料ト在職年數トニ依リテ之ヲ定ムルモノトス

即チ左ノ如キ計算ヲ以テ支給ス

一　在職拾五年以上貳拾年未滿ノ時
　給料月額　何ケ月分
　給料年額　何分ノ何十

一　在職貳拾年以上參拾年未滿ノ時
　給料月額　何ケ月分
　給料年額　何分ノ何十

一　在職滿參拾年以上ノトキ
　給料月額　何ケ月分
　給料年額　何分ノ何十

（又ハ）第三條　前條退隱料年額ハ退職當時ノ給料ト在職年數トニ依リ左ノ方法ヲ以テ定ム
在職何ケ年以上何年未滿ニシテ退職シタル者ノ退隱料年額ハ給料月額ノ何ケ月分（給料年額ノ何分ノ何十）トシ何年以上滿何年每ニ給料月額ノ何箇月分（給料年額何分ノ何十）ヲ加算シ滿何ケ年ニ至リテ止ム

第四條　在職中公務ノ爲メ疾病又ハ傷痍ヲ受ケ不具廢疾トナリ其職ニ不堪シテ退職シタル者ニハ在職年數ニ拘ハラス終身退職當時ノ給料月額何ケ月分（又ハ給料年額ノ何分ノ何）ヲ退隱料トシテ支給ス
第二條ノ年限間在職シタル者ニシテ前項ノ事由ニ依リ退職シタルトキハ第三條ノ規定ニ照準シタル退隱料年額ニ更ニ其何分ノ何ヲ加增シタル額ヲ支給スルモノトス

第五條　第三條第四條及第七條ニ規定セル給料月額ハ年給ノモノハ其十二分ノ一、日給ノモノハ其三十日分（給料年額ハ月給ノ者ハ其十二ケ月分、日給ノ者ハ其三百六十日分（又ハ三百五十

日分ヲ以テ算出ス）退隱料年額圓（又ハ錢）位未滿ノ端數ハ圓（錢）位ニ滿タシム（又ハ之ヲ切捨ツ）

第六條　有給吏員ノ在職年數ハ就職ノ月ヨリ起算シ退職ノ月ヲ以テ終ルモノトス

前項ノ在職年數ハ一時退職ノ後再ヒ就職シタルモノニアリテハ前後ノ年數ヲ通算ス但シ第二條第一號乃至第四號ノ一ニ該當スル場合ニ於テハ其ノ以前ノ在職年數ヲ通算セサルモノトス

第七條　退隱料ヲ受クル權利ヲ有スル者再ヒ就職シ引續キ在職滿一年以上ニシテ退職シタルトキハ前後通算シテ在職滿何年ニ至ルマテ後ノ在職滿一ケ年ヲ加フル每ニ其ノ退職當時ニ於ケル給料月額何ケ月分（給料年額何分ノ何）ヲ退隱料年額ニ增加シタル額ト第六條及第三條ノ方法ニ依リ計算シタル額トヲ比較シ其額多キ方ヲ支給ス但シ第二條第一條乃至第四號ノ一ニ該當スル場合ハ此ノ限リニ在ラス

第八條　退隱料ヲ受クル權利ヲ有スル者左ノ各號ノ一ニ該ルトキハ退隱料ヲ受クルノ權利ヲ失フモノトス

一　國民分限ヲ失ヒタルトキ

二　六年ノ懲役若ハ禁錮以上ノ刑ニ處セラレタルトキ

三　在職中ノ犯罪若クハ自治制度違反ノ罪ニテ禁錮以上ノ刑ニ處セラレタルトキ

第九條　退隱料ノ支給ハ退職ノ翌月ヨリ始マリ死亡ノ月又ハ權利喪失ノ前月ヲ以テ終ルモノトス（又ハ其月ヲ以テ經ルモノトス）

第十條　退隱料ノ支給ハ禁錮以上ノ刑ノ宣告ヲ受ケタルトキヨリ其ノ執行ヲ終リ又ハ其執行ヲ受クルコトナキニ至ル迄ノ間之ヲ停止ス

前項ノ期間ハ停止理由ノ生シタル月ヨリ其ノ終リタル月迄トス

退隱料ヲ受クル權利ヲ有スル者官職又ハ市町村長其他ノ公共團體ノ職務ニ就キ給料ヲ受クル場合ニ於テハ其給料ノ月額ニ退隱料月額ヲ合算シ退職當時ニ於ケル給料月額ニ超過スル場合ニ於テハ其超過額ニ對スル退隱料ノ支給ヲ停止ス

第十一條　退隱料年額ハ月割ヲ以テ之ヲ計算シ毎年何月、何月ニ於テ其前月迄ノ分ヲ支給ス（又毎月廿五日迄ニ其月分ヲ支給ス）但退隱料ヲ受クル權利ヲ有スル者死亡シ又ハ權利ヲ喪失シタル場合ハ期日ニ拘ラス之ヲ支給ス

第十二條　退隱料ハ賣買讓與質入ヲ爲スコトヲ得ス

附　則

第十三條　第六條ノ在職年數ハ改正町村制施行前退職シタル者ニシテ左ノ各項ノ一ニ該當スルトキハ尙ホ其以前ノ在職年數ヲ通算セサルモノトス

一　懲戒裁判ニ依リ解職セラレタルトキ但自己ノ所爲ニ非スシテ職務ヲ執ルニ堪ヘサル爲メ解職セラレタル場合ハ此ノ限ニ在ラス

二　隨時解職シ得ヘキ有給吏員ニシテ不都合ノ所爲アリタリカ爲メ解職セラレタルトキ

三　犯罪ニ依リ失職シタルトキ

四　職ニ就キタル爲メ公民タルノ權ヲ得ヘキ職務ニ在ル者ニシテ禁錮以上ノ刑ニ該ルヘキ罪ノ爲メ公判ニ付セラレタルニ依リ解職シタルトキ但シ後ニ免訴若クハ無罪ノ言渡アリタル場合又ハ有罪ノ宣告アルモ禁錮以上ノ刑ニ該ラサリシ場合ハ此ノ限リニ非ラス

第十四條　舊刑法ノ重罪ニ處セラレタル者ハ本條例ノ適用ニ付テハ六年ノ懲役又ハ禁錮以上ノ刑ニ處セラレタル者ト看做ス

舊刑法ノ禁錮以上ノ刑ハ本條例ノ適用ニ付テハ禁錮以上ノ刑ニ處セラレタルモノト看做ス

第十五條　本條例ハ何年何月何日ヨリ之ヲ施行ス

（備考《びかう》）本條例第二條《ほんでうれいだいでう》に規程《きてい》せる在職年數《ざいしよくねんすう》は短期《たんき》に失《しつ》せさる樣相等長期《やうさうとうちやうき》に規定《きてい》する方宜《はうよう》しかるべし。

其　八

市町村有給吏員《しちやうそんいうきふりゐん》の遺族扶助料《ゐぞくふじよれう》に關《くわん》する條例《でうれい》の實例《じつれい》。本條例《ほんでうれい》は市制第《しせいだい》百六條《でう》、町村制第《ちやうそんせいだい》八十六條《でう》の規程《きてい》に準據《じゆんきよ》すべきものである。

市町村有給吏員遺族扶助料條例

第一條　本町（又ハ村）有給吏員ニシテ左ノ各項ノ一ニ該當スルトキハ其遺族ニ本條例ノ規程スル所ニ依リ扶助料ヲ支給ス
一　職務ノ爲メ傷痍ヲ受ケ又ハ疾病ニ罹リ在職中死亡シタルトキ
二　在職滿何ケ年以上ノ者在職中死亡シタルトキ
三　退隱料ヲ受ケ又ハ受クヘキ者死亡シタルトキ
第二條　扶助料年額ハ前條第一項ノ場合ニアリテハ本町（又ハ村）有給吏員隱退料條例第四條ニ依リ査定シタル金額ノ三分ノ二トシ第二項ノ場合ニアリテハ隱退料條例第三條ニ依リ査定シタル金額ノ三分ノ二以內トシ第三項ノ場合ニアリテハ其退隱料ノ三分ノ一トス
扶助料年額圓（又ハ錢）未滿ノ端數ヲ生シタルトキ圓位ニ切上クルモノトス（又ハ圓未滿ノ端數ハ之ヲ切捨ツ）
第三條　扶助料ハ寡婦ニ給ス、寡婦ナキトキ又ハ死亡シ若クハ權利ヲ喪失シタルトキハ孤兒ニ給ス
孤兒數人アルトキハ法定家督相續ノ順位ニ依リ最先者ニ給ス、最先者死亡シ若クハ扶助料ヲ受クル權利ヲ喪失シ又ハ第三項ニ依リ扶助料ヲ受クヘカラサルトキハ順位次位者ニ轉給スルモノトス
民法第九百六十九條ニ依リ家督相續人タルコトヲ得サル者及推定家督相續人ニシテ廢除セラレタル者ニハ扶助料ヲ給セス但疾病其他身體又ハ精神ノ狀況ニ依リ家政ヲ執ルニ堪ヘサルカ爲メ

廢除セラレタル者ハ此限ニ非ラス

養子ハ家督相續人ニ非サレハ扶助料ノ支給ヲ受クルコト能ハス

第四條　扶助料ヲ受クヘキ寡婦及孤兒ナキトキ又ハ死亡シ若クハ權利ヲ失ヒタルトキハ扶助料ハソノ直系尊族ニ支給ス

前項ノ場合ニアリテハ先ツ父ニ給シ父ナキ場合及死亡若クハ權利ヲ失ヒタルトキハ母ニ給ス母ヨリ祖父ニ祖父ヨリ祖母ニ轉給スルハ順次此例ニ依ル

第五條　扶助料ヲ受クル者ナクシテ死亡シタル者ノ家ニ在ル兄弟姉妹二十歳未滿又ハ不具若クハ廢疾ニシテ自活ノ能ハサルトキハ扶助料ニ相當スル金ノ一年分ヨリ少カラス五年分ヨリ多カラサル金額ヲ人員ニ拘ハラス一時限リ其兄弟姉妹ニ給スルコトヲ得

第六條　扶助料ヲ受クル權利ヲ有スル者左ノ各項ノ一ニ該當スルトキハ扶助料ヲ受クル權利ヲ失フモノトス

一　國民分限ヲ失ヒタルトキ
二　六年ノ懲役若クハ禁錮以上ノ刑ニ處セラレタルトキ
三　其家ヲ去リタルトキ
四　寡婦婚姻シタルトキ
五　孤兒年齢滿二十歳ニ達シ、又ハ女子婚姻シタルトキ
六　母、祖母婚姻シタルトキ

七　直系卑族ニシテ法定家督相續人以下ノ順位ニアル者ニシテ養子緣組シテ他家ニ入リタル者

第七條　孤兒年齡滿二十歲ニ達スルモ不具又ハ廢疾ニシテ自活スルコト能ハサル者ニシテ他ニ扶助料ヲ受クル者ナキトキハ其事由ヲ存續スル間扶助料ノ三分ノ一ヲ支給スルコトヲ得

第八條　扶助料ノ支給ハ禁錮以上ノ刑ノ宣告ヲ受ケタルトキヨリ其執行ヲ終リ又ハ其執行ヲ受クルコトナキニ至ルマテノ間之ヲ停止シ第三條及四條ノ順位ニ依リ次位者ニ轉給スルモノトス

前項ノ期間ハ停止事由ノ生シタル月ヨリ其終リタル翌月マテトス

第九條　本條例ニ於テ寡婦孤兒尊族ト稱スルハ有給吏員タリシ者死亡ノ當時其家ニ在リ退隱料ヲ受ケ若クハ受クヘキ者ノ寡婦ニ在リテハ尙其ノ夫ノ退職又ハ死亡前ニ婚姻シタル者ヲ謂フ但シ父死亡後出生シタル嫡出子ハ死亡當時其家ニ在リシ者ト認ム

第十條　扶助料ノ支給ハ其事由ヲ生シタル翌月ニ始マリ死亡ノ月又ハ其權利喪失ノ前月ヲ以テ終ルモノトス

前條但書ニ依ル扶助料ノ支給ハ出生ノ翌月ヨリ始マルモノトス

第十一條　扶助料年額ハ之ヲ十二分シ每月廿五日（又ハ每年四月、十月ノ末日）ニ於テ其月分（又ハ其前月分迄）ヲ支給ス但シ扶助料ヲ受クル權利ヲ有スル者死亡シ又ハ其權利ヲ喪失シタル場合ハ期日ニ拘ハラス之ヲ支給ス

第十二條　扶助料ハ賣買讓與質入レヲ爲スコトヲ得ス

第十三條　第五條ノ一時金及第七條ノ扶助料ノ給否並ニ其金額ハ町（又ハ村）長（又ハ町村會）

之ヲ決定ス
第十四條　有給吏員ノ在職年數ノ計算ハ本町（又ハ村）有給吏員退隱料條例第六條乃至第十四條ノ例ニ依ル
第十五條　扶助料ハ之ヲ受クヘキ權利ノ發生シタル日ヨリ三年以內ニ請求セサレハ其權利ヲ拋棄シタルモノト看做シ其支給ヲ爲サス
（又ハ）第十五條　扶助料ノ支給サルヘキ通知ヲ受ケシ時ハ直チニ本條例ノ規定スル處ニ從ヒ夫レヲ受クヘキ寡婦、孤兒、尊族等ヲ明記シテ本町（又ハ村）長ニ屆出ツルモノトス
若シ其屆出滿一ケ年ヲ過キルモ屆出ナキトキハ之ヲ支給セス

附　則

第十六條　本條例ハ發布ノ日ヨリ之ヲ施行ス（又ハ昭和何年何月何日ヨリ之ヲ施行ス）
第十七條　舊刑ニヨリテ處罰セラレタル者ハ本町（又ハ村）退隱料條例第何條ノ規定ヲ準用ス
第十八條　第一條第二項ノ在職年數ノ計算方法ハ本町（又ハ村）退隱料條例第何條ニ定ムル規定ヲ準用ス

（注意事項《ちういじかう》）扶助料額《ふじよれうがく》や在職年數等《ざいしよくねんすうとう》の計算等《けいさんとう》は退隱料條例《たいいんれうでうれい》の規程《きてい》に關聯《くわんれん》するものであるから、若《も》し退隱料條例變更《たいいんれうでうれいへんかう》の場合《ばあひ》には特《とく》に注意《ちうい》しなければならぬ。

其九

市町村《しちやうそん》有給吏員《いうきふりゐん》の退職給與金《たいしよくきふよきん》及《および》死亡給與金《しばうきふよきん》條例《でうれい》の例《れい》。本條例《ほんでうれい》の條文《でうぶん》は市制第《しせいだい》百六條《でう》、町村制第《ちやうそんせいだい》八十六條《でう》の規程《きてい》に準據《じゆんきよ》して作《つく》らねばならぬ。

市町村有給吏員退職給與金及死亡給與金條例

第一條　本町（又ハ村）有給吏員ニシテ在職滿何年以上ニ至リ退職シ又ハ在職中死亡シタルトキハ本人又ハ其遺族ニハ本條例ノ規程スル處ニ依リ退職給與金ヲ給ス但左記各項ノ一ニ該當スルトキハ此限ニ非ラス

一　年齡六十年未滿ニシテ自己ノ便宜ニ依リ退職シタルトキ

二　懲戒ニ因リ解職シタルトキ

三　町村長ニ於テ任免スヘキ有給吏員ニシテ犯罪ノ爲メ免職セラレタルトキ又ハ犯罪アリタルカ爲メ免職セラレタルトキ

四　職ニ就キタルカ爲メ公民タルノ權ヲ得ヘキ職務ニ在ル者ニシテ禁錮以上ノ刑ノ宣告ヲ受ケタルカ爲メ失職シタルトキ但後ニ免訴若クハ無罪ノ言渡アリタル場合若クハ有罪ノ禁錮以上ノ刑ニ處セラレサル場合ハ其裁判確定ノ日ヲ待チ失職ノ當時ニ遡リテ退職給與金ヲ支給ス

五　本町（又ハ村）ヨリ退隱料又ハ遺族扶助料ヲ受クルノ權利ヲ有スルトス

第二條　退職給與金額ハ退職當時ノ給料ト在職年數トニ依リ之ヲ定ム即チ左ノ如シ

一　在職滿何ケ年以上何ケ年未滿ノモノ　給料月額何ケ月分

二　在職滿何ケ年以上何ケ年未滿ノモノ　給料月額何ケ月分

三　在職滿何ケ年以上ノモノ　給料月額何ケ月分

(又ハ)第二條　退職給與金額ハ退職當時ノ給料ト在職年數トニ依リ左ノ方法ヲ以テ定ム

在職滿何ケ年未滿ノ者ハ給料月額何ケ月分トシ滿何年以上何年未滿ノ者ハ給料月額何十ケ月分トシ滿何ケ年以上ハ滿何ケ年ヲ加フル毎ニ給料月額ノ何十ケ月分ヲ增加シ滿何ケ年ニ至リテ止ム

第三條　在職中職務ノ爲メ傷痍ヲ受ケ又ハ疾病ニ罹リ其職ニ堪ヘスシテ退職シタル者ニハ在職年數ニ拘ラス退職給與金ヲ支給ス

第一條ノ年限間在職シタル者ニシテ前項ノ事由ニ依リ退職シタル場合ハ給與金ヲ增額ス

第一項ノ給與金額ハ給料月額何ケ月分トシ第二項ノ增加額ハ第二條ノ規定ニ依ル給與金額ノ何分ノ何トス

第四條　死亡給與金ハ死亡當時ノ給料ト在職年數トニ依リ之ヲ左ノ如ク定ム

一　在職滿何ケ年以上何ケ年未滿ノモノ　給料月額何ケ月分

二　在職滿何ケ年以上何ケ年未滿ノモノ　給料月額何ケ月分

三　在職何ケ年以上ノモノ　給料月額何ケ月分

（又ハ）死亡給與金額ハ死亡當時ノ給料ト在職年數トニ依リ左ノ方法ヲ以テ定ム
在職滿何年以上何年未滿ノ者ハ給料月額何箇月分トシ何年以上ハ滿何ケ年毎ニ給料月額何ケ月分ツツヲ增額シ滿何十ケ年ニ至リテ止ム
第五條　第二條及第四條ニ規定セル給料月額ハ年給ノ者ハ其十二分ノ一、日給ノ者ハ其三十日分（又ハ廿五日分）ヲ以ヲ一ケ月分トス
給與金額圓位未滿ノ端數ヲ生シタルトキハ圓位ニ四捨五入ス（又ハ之ヲ切捨ツ）
第六條　有給吏員ノ在職年數ハ就職ノ日ヨリ起算シ退職又ハ死亡ノ月ヲ以テ終ルモノトス
前項ノ在職年數ハ一時退職ノ後再ヒ就職シタル者ニアリテハ再ヒ就職シタル月ヨリ起算ス但任期アル有給吏員ニシテ滿期トナリテ再ヒ有給吏員トシテ就任シタルトキハ前後勤續セシ者ト見做シ前後ノ在職年數ヲ通算ス
第七條　公務ノ爲メノ傷痍又ハ疾病ニ依リテ在職中死亡シタル者又ハ其職務ニ堪ヘスシテ退職スル者ニハ在職年數滿何年以上タラサルモノト雖モ之ヲ支給スルコトヲ得但前項ノ者ニシテ在職年數滿何年以上ニ達シタル者ニハ第二條及ヒ第四條ノ規定ニ依ル給與金額ノ何分ノ何ヲ增與ス
第八條　退職給與金又ハ死亡給與金ハ退職又ハ死亡ノ當月又ハ其翌月ニ之ヲ支給ス
第九條　死亡給與金ヲ支給スヘキ遺族及其順序ハ本町（又ハ村）有給吏員遺族扶助料條例ノ例ニ依ル（又ハ官吏遺族扶助法ニ依ル）

附則

本條令ハ發布ノ日ヨリ之ヲ施行ス（又ハ昭和何年何月何日ヨリ之ヲ旆行ス）

（備考《びかう》）本條例《ほんでうれい》を施行《しかう》する市町村《しちやうそん》にして他《た》に退隱料條例《たいいんれうでうれい》を施行《しかう》しつゝある市町村《しちやうそん》に於《おい》ては本條《ほんでう》例《れい》の第《だい》三條及《でうおよ》び遺族扶助料條例《ゐぞくふじよれうでうれい》を施行《しかう》する市町村《しちやうそん》に於《たい》ては本條例《ほんでうれい》の第《だい》七條《でう》の規定《きてい》は削除《さくぢよ》すべきである。

其十

市町村吏員一時給與金規程

市町村吏員《しちやうそんりゐん》一時給與金《じきふよきん》を出《いだ》す規程《きてい》の例《れい》。

第一條　本市（又ハ町村）有給吏員ニハ此規程ノ定ムル所ニ依リ一時給與金ヲ支給ス

第二條　在職滿一ケ年以上ニシテ退職又ハ死亡シタルトキハ退職若クハ死亡現時ノ俸給年額四十分ノ一ヲ在職年數ノ一ケ年ニ當テ其在職年數ニ應シタル金額ヲ一時給與ス

第三條　退隱料ヲ受ケタルモノ再ヒ就職シ死亡シタルトキハ前條ヲ適用ス

第四條　公務ニ因リ傷痍ヲ受ケ又ハ疾病ニ罹リタルモノニシテ其職務ニ堪ヘ留職シタルトキハ事

賞ノ生シタル現時ノ俸給ノ一ケ年分ニ相當スル金額ヲ一時給與ス

第五條　前條ノ原因ニ於テ死亡シタルトキハ死亡現時ノ俸給四ケ年分ヲ一時給與ス

第六條　在職年數ハ裁可認可任用ノ月ヨリ起算シ退職又ハ死亡ノ月ヲ以テ終リトス

第七條　左ニ掲クル年數ハ在職年數中ニ算入セス

一　手當又ハ日給ヲ受ケ在職シタル年月數

二　年齡二十歲未滿中在職ノ年月數

第八條　一時給與金ヲ受ケタル者再ヒ就職シ滿一年以上在職ノ後退職シタルトキハ其在職年數ハ再ヒ就職ノ月ヨリ起算ス

第九條　一時給與金ヲ受クヘキ者ノ在職年數一年未滿ノ端數ハ凡テ計算セス（又ハ七ケ月以上ハ一年トシテ計算ス）

第十條　一時給與金ノ算出法ハ凡テ圓位（又ハ錢位）ニ止ム（又ハ圓以下ノ端數ハ切捨ツ）

第十一條　左ニ掲クル事項ノ一ニ當ルトキハ一時給與金ヲ支給セス

一　本市ニ於テ退隱料ヲ受クルモノ

二　自己ノ便宜ニ依リ退隱シタルモノ

三　懲戒處分ニ依リ解職又ハ免職サレタルモノ

四　隨時解職シ得ル有給吏員ニシテ不都合ノ所爲アリタル爲メ解職セラレタル者

五　刑事裁判ニ依リテ禁錮以上ノ刑ニ處セラレタルトキ

第十二條　一時給與金ハ退職ノトキハ退職者ニ給與シ死亡ノトキハ死亡者ノ寡婦ニ給與ス其寡婦ナキトキハ其戸主ニ給與ス
第十三條　公務ニ依リ傷痍ヲ受ケ若クハ疾病ニ罹リタル者ニハ其療養ノ手當トシテ一日金何圓以內ヲ請求ニ依リ給與シ死亡ノトキハ其寡婦ニ給與シ、寡婦ナキトキハ其戸主ニ給與ス
第十四條　名譽職參事會員名譽職委員手當又ハ日給ヲ受ケ在職スル者ニシテ第四條第五條ニ該當スル事實ノ生シタルトキハ相當ノ一時金ヲ給與ス其金額ハ市（又ハ町）村會ノ議決ヲ經テ之ヲ定ム
第十五條　名譽職參事會員名譽職委員手當又ハ日給ヲ受ケテ在職ノ者ニシテ第十二條第十三條ニ該當スル事實ノ生シタルトキハ各同條ヲ準用ス
第十六條　使丁ニシテ退職又ハ死亡シタルトキハ本規程ヲ準用シ一時金ヲ給與ス但シ其給與額ハ吏員ニ給スル定率ノ三分ノ二トス
第十七條　一時給與金ヲ支給スルトキハ辭令書ヲ交付ス
第十八條　療養手當ヲ受クヘキ者ハ請求書ニ醫師ノ診斷書ヲ添附シテ差出スヘシ

附　則

第十九條　本規程ニ依ル有給吏員及使丁ニシテ本規程以前ヨリ一時給與金ヲ受クヘキ職ニ在ル者ノ在職年數ハ第六條、第七條、第八條ヲ準用算定ス
第二十條　從前ノ規程ニシテ此規程ニ抵觸スルモノハ總テ廢止ス

(備考《びかう》)　本規程《ほんきてい》のある市町村《しちやうそん》にして更《さ》らに市町村名譽職員慰勞弔祭料支給規程《しちやうそんめいよしよくゐんゐらうてうさいれうしきふきてい》を施行《しかう》しつゝある市町村《しちやうそん》は本規程第《ほんきていだい》十四條及第《でうおよびだい》十五條《でう》を削除《さくぢよ》しなければならぬ。

其十一

市町村《しちやうそん》の名譽職吏員《めいよしよくりゐん》慰《ゐ》勞弔祭料《らうてうさいれう》に關《くわん》する規程《きてい》の例《れい》。

市町村名譽職吏員慰勞弔祭料支給規程

第一條　本村(又ハ村)名譽職町(又ハ村)長及助役ニシテ在職滿四年以上ニ至リ退職スルトキハ慰勞金ヲ給ス但左ノ各項ニ該當スルトキハ此限ニ非ラス

一　懲戒處分ニ依リ解職セラレタルトキ

二　町村制第八條第二項各號以外ノ理由ニ依リ退職シタルトキ

三　禁錮以上ノ刑ノ宣告ヲ受ケタル爲メ失職シタルトキ

第二條　慰勞金ノ額ハ退職當時ノ報酬ト在職年數トニ依リ之ヲ定ムルコト左ノ如シ

一　在職滿何年未滿ノトキ報酬月額何ケ月分(又ハ報酬年額何分ノ何程)

一　在職滿何年以上何年未滿ノトキ、報酬月額何ケ月分(又ハ報酬年額何分ノ何程)

給料及給與ニ關スル書式（其十一）

一　在職滿何年以上ノトキ、報酬月額何ケ月分（又ハ報酬年額何分ノ何程）職務ノ爲傷痍ヲ受ケ又ハ疾病ニ罹リ其職ニ堪ヘスシテ退職シタル者ニハ在職年數ニ拘ラス退職當時ノ報酬月額何ケ月分（又ハ報酬年額何分ノ何程）ニ相當スル慰勞金ヲ給ス

第一條ノ年限間在職シタル者ニシテ前記ノ事由ニ依リ退職シタルトキハ第一項ノ規定ニ照準シタル慰勞金額ニ其何分ノ何程ヲ增シタル金額ヲ支給ス

第三條　第一條ノ吏員ニシテ在職死亡シタルトキハ弔祭料トシテ死亡當時ノ報酬月額何箇月分（又ハ報酬年額何分ノ何程）ヲ其遺族ニ給シ、在職滿四年以上ニシテ死亡シタルトキハ第二條第一項ノ規定ニ照準シタル金額ニ其何程ヲ增額シテ支給ス

職務ノ爲メ傷痍ヲ受ケ又ハ疾病ニ罹リ死亡シタルトキハ報酬月額何ケ月分（又ハ報酬年額ノ何分ノ何程）ヲ增額支給ス

第四條　在職中特別ノ功勞アリタル者ニハ町（又ハ村）會ノ議決ヲ經テ特ニ慰勞金又ハ弔祭料ヲ增加支給ス

第五條　報酬月額ハ年額ノ者ハ其十二分ノ一ヲ一ケ月分トス（又ハ報酬年額ハ其月額ノ者ハ其十二ケ月分トス）慰勞金又ハ弔祭料支給金額圓位未滿ノ端數ヲ生シタルトキハ圓位ニ滿タシム（又ハ端數ハ棄捨スルモノトス）

第六條　在職年數ハ就職ノ月ヨリ起算シ、退職又ハ死亡ノ月ヲ以テ終ルモノトス但滿期後引續キ再任セシモノハ勤續ト看做シ前後ノ在職年數ヲ通算スルモノトス

第七條　慰勞金又ハ弔祭料ハ退職又ハ死亡ノ當月又ハ翌月ニ之ヲ支給ス
第八條　弔祭料ヲ支給スヘキ遺族ノ順位ハ本町（又ハ村）有給吏員遺族扶助料條例ヲ準用ス但遺族ナキトキハ葬祭ヲ行フ者ニ之ヲ給ス

附　則

本規程ハ昭和何年何月何日ヨリ之ヲ施行ス（又ハ發布ノ日ヨリ之ヲ施行ス）

其十二

前示《ぜんじ》の其《その》十一のものを本例《ほんれい》の如《ごと》く定《さだ》めたる地方《ちはう》もあり參考《さんかう》の爲《た》めに此處《ここ》に記載《きさい》する事《こと》とせり。

市町村吏員退職並死亡者慰勞金祭粢料支給條例

第一條　本町（又ハ村）長及助役、收入役退職ノトキハ左ノ區別ニ從ヒ其當時ノ報酬又ハ給料額ニ依リテ慰勞金ヲ支給ス
一　滿四ケ年以上勤續シタル者ニハ報酬又ハ給料年額ノ百分ノ十
一　滿八ケ年以上勤續シタル者ニハ報酬又ハ給料年額ノ百分ノ十八
一　滿十二ケ年以上勤續シタル者ニハ報酬又ハ給料年額ノ百分ノ四十
第二條　書記其他附屬員退職ノ時ハ左ノ區別ニ從ヒ年俸額ニ依リ慰勞金ヲ支給ス

一　滿何ケ年以上勤續シタル者ニハ年額百分ノ十五
一　滿十ケ年以上勤續シタル者ニハ年額百分ノ三十
一　滿十五ケ年以上勤續シタル者ニハ年額百分ノ四十五
第三條　法律上任期アル吏員ニシテ滿期後引續キ再任セラレタル者ハ之ヲ勤續ト看做ス
第四條　在職中ノ町村長助役收入役ニシテ勤續滿四年ニ達スルモノ書記其他附屬員ニ於テハ第二條ヲ適用ス
第五條　本條例ニ依リ年數ヲ算スルハ認可又ハ任用ノ始メヨリ退職ノ月ヲ以テ終リトス
第六條　左ノ各號ノ一ニ該當スルモノハ慰勞金ヲ支給セス
一　年齡六十歲ニ至ラスシテ自己ノ便宜ニ依リ退職シタルモノ
二　臨時雇傭ノ吏員ニシテ何時ニテモ解職シ得ヘキモノニシテ不都合ノ所爲アリタル爲メ解職セラレタルモノ
三　書記附屬員ニシテ官吏失職ニ當ルヘキ刑事裁判確定シ之カ爲メ失職シタルモノ
四　懲戒處分ニ依リ解職セラレタルモノ
五　慰勞金ヲ受クルノ資格アルモノニシテ慰勞金ヲ受クルノ前國民ノ分限ヲ失ヒ又ハ公權ヲ剝奪サレタルモノ
六　慰勞金ヲ受クルノ資格アルモノニシテ在職中ノ犯罪退職後發覺シ給與ヲ受クルノ前ニ於テ官吏失職ニ當ルヘキ裁判確定シタルモノ

第七條　町村制第九條（現行法第七十條）ニ依リ失職シタルモノナルトキハ慰勞金ノ支給ヲ停止シ後ニ免訴又ハ無罪ノ言渡アリタルカ又ハ有罪ノ宣告アルモ刑法ニ依リ官吏失職ニ當ルヘキ裁判ニアラサル限リ其確定ノ日ヲ待チテ慰勞金ヲ支給スルモノトス

附　則

本條例ハ發布ノ日ヨリ之ヲ施行ス（又ハ何年同月何日ヨリ之ヲ施行ス）

其十三

市町村吏員《しちやうそんりゐん》が職務上《しよくむじやう》に於《おい》て傷痍《しやうゐ》や疾病《しつぺい》に罹《かゝ》りたる時《とき》、市町村費《しちやうそんひ》を以《もつ》て治療《ちれう》する事《こと》の規程《きてい》の例《れい》。

市町村吏員療治料支給規程

第一條　本町村吏員ニシテ職務ノ爲メ傷痍ヲ受ケ又ハ疾病ニ罹リタルトキハ療養中療治料ヲ支給ス但本町村傳染病豫防救助ニ從事スル者ニ關スル給與條例ニ依リ支給ヲ得ル者ハ此限リニアラス

第二條　療治料ノ額ハ治療ニ要シタル實費ヲ支給スルモノトス

附　則

本規程ハ何年何月何日ヨリ之ヲ施行ス（又ハ發布ノ日ヨリ之ヲ施行ス）

其十四

市町村《しちやうそん》に於《おい》て傳染病豫防救治《でんせんびやうよばうきうち》に從事《じうじ》する職員《りゐん》にして、職務上《しよくむじやう》其《その》の傳染《でんせん》を受《う》けたる者《もの》に給與金《きふよきん》を支給《しきふ》する條例《でうれい》の例《れい》。

市町村傳染病豫防救治ニ從事スル者ニ關スル給與條例

第一條　本町（又ハ村）ハ傳染病豫防救法ニ從事シ又ハ之カ爲メ病毒ニ感染シ若クハ死亡シタル者ニ對シテ本條例ノ定ムル所ニ依リ給與金ヲ給ス

第二條　給與金ヲ分チテ左ノ四種トス

一　手當、　二　疾治料、　三　救助料、　四　弔祭料

第三條　手當ハ町（又ハ村）職員及豫防事務員傳染流行ニ際シ患者患家其他病毒ニ汚染シ又ハ汚染ノ疑アル家屋物品ニ接觸シタルトキ之ヲ支給ス

療治料ハ豫防救治ニ從事シタル者病毒ニ感染シタルトキ其治療中之ヲ支給ス但シ公費ヲ以テ治療ヲ受クルトキハ療治料及弔祭料ヲ給セス

救助料及弔祭料ハ豫防救治ニ從事シタル者病毒ニ感染シ死亡シタルトキ其遺族ニ之ヲ支給ス遺

族ナキトキハ葬祭ヲ行フ者ニ弔祭料ヲ支給ス
前項ニ依リ救助料及弔祭料ヲ受クヘキ遺族ノ順位ハ本町(又ハ村)有給職員遺族扶助料條例(又ハ官吏遺族救助法)ノ例ヲ準用ス
第四條　手當ノ支給金額ハ一日金何圓(又ハ給料日額ノ倍額)トシ療治料、救助料、弔祭料ノ支給金額ハ其者ノ狀態ヲ參酌シ町(又ハ村)長之ヲ定ム但シ町(又ハ村)長ニ於テ決定シ難キ特別ノ事由アルトキハ町(又ハ村)會ノ議決ヲ經テ之ヲ決定ス

附　則

本條例ハ發布ノ日ヨリ之ヲ施行ス(又ハ昭和何年何月何日ヨリ之ヲ施行ス)

財務ニ關スル書式

其　一

市町村《しちやうそん》で蓄積《ちくせき》する基本財産《きほんざいさん》に關《くわん》する條例《でうれい》の例《れい》。本條例《ほんでうれい》は市制第《しせいだい》百九條《でう》、町村制第《ちやうそんせいだい》八十九條《でう》の規《き》定《てい》に準據《じゆんきよ》すべきものである。

市町村基本財産蓄積條例

第一條　本町（村）ハ基本財産ヨリ生スル收入ヲ以テ教育費以外ノ經常費（又ハ經常費ノ半額以上）ヲ支辨シ得ルニ至ラシムルヲ以テ目的トシ何年度ヨリ何年度間本條例ノ規定ニ依リ基本財産ヲ蓄積ス

第二條　基本財産ハ左ノ收入ヲ以テ毎年度別表目按ノ定ムル所ニ依リ之ヲ蓄積シ現在基本財産ヲ合セ其總額何程以上ニ達セシムルモノトス

一　基本財産ヨリ生スル收入
二　使用料及手數料
三　國税及縣税徴收交付金
四　教育費以外ノ經常費歳計剰餘金
五　臨時ニ收入スル金穀但寄附者其使用ノ目的ヲ定ムルモノハ之ヲ除ク

第三條　前條各號收入金ノ總計額カ別表目按ニ定ムル當該年度ノ蓄積總額ニ達セサルトキハ其不足額ハ一般歳計ヨリ之ヲ補充スルモノトス

第四條　左ノ各號ノ一ニ該當スルトキハ町（又ハ村）會ノ議決ヲ經テ當該年度ノ蓄積ヲ停止シ又ハ削減スルコトヲ得

一　町（又ハ村）債ヲ起シタルトキ又ハ其償還ヲ爲ストキ
二　非常災害ヲ蒙リタルトキ
三　臨時費金何百圓以上ヲ支出シタルトキ

四　制限外課税又ハ特別税ノ賦課ヲ爲ストキ
五　第五條ニ依リ基本財産ヲ消費スルトキ
前項ニ依リ蓄積ヲ停止シタルトキハ其停止年數ニ應シ消滅シタル消滅額ヲ補塡シ得ルニ至ルマテ第一條ノ蓄積年數ヲ延長シ又ハ次年度以下ニ於テ増加蓄積ヲ爲スモノトス
第五條　基本財産ハ非常災害又ハ町（又ハ村）永久ノ利益ト爲ルヘキ支出ヲ要スル場合ノ外之ヲ消費スルコトヲ得ス
基本財産ヲ消費スルトキハ豫メ期間及方法ヲ定メ其消費金額及利子ニ相當スル金額ヲ特ニ積立ツルモノトス
第六條　基本財産ノ種類金額及收支精算ノ要領ハ毎年度町（又ハ村）會ニ報告シ且ツ之ヲ町（又ハ村）内ニ公告ス

附　　則

本條例ハ昭和何年度ヨリ之ヲ施行ス
（備考）　何年何月條例第何號町（又ハ村）基本財産蓄積條例ハ本條例施行ノ日ヨリ之ヲ廢止ス
（若シ本例以前ニ基本金ニ關スル條例ノ施行サレテ居タル場合）

何町（又ハ村）基本財産造成目按表

一金何千何百圓也　　何年何月何日現在金高
一金何千圓也　　同有價證券額面高

合計金　何千何百圓也

と云《い》ふ様《やう》に前條例《ぜんでうれい》施行中《しかうちう》に蓄積《ちくせき》したる金銀有高《きんぎんありだか》を別表《べつぺう》の如《ごと》く記載《きさい》しておかねばならぬ。

其二

市町村《しちやうそん》の基本財産《きほんざいさん》を金銀《きんぎん》にて殘《のこ》さずに植林《しよくりん》に因《よ》りて町《ちやう》の基本財産《きほんざいさん》を造成《ざうせい》するものゝ例《れい》。本條例《ほんでうれい》は内務省地《ないむしやうち》甲通牒《かふつうてふ》の標準條例案《へうじゆんでうれいあん》に準據《じゆんきよ》したもの。

市町村基本財産造成條例

第一條　本市(又ハ町村、町村組合)ハ基本財産造成ノ爲メ本條例ノ規定ニ依リ植林ヲ爲スモノトス

第二條　植林地ハ本市(又ハ町村、町村組合)有ノ土地、何々ヲ以テ(又ハ本市町村、町村組合内何々區ノ土地何々ヲ借入レ)之ニ充テ其栽植スヘキ樹ノ種類ハ何々トス

第三條　毎年度ニ於テ栽植スヘキ樹數ハ何本以上トシ豫定ノ反別ニ植付完了スルヲ以テ之ヲ止ム

第四條　植林ニ關スル費用ハ市(又ハ町村、町村組合)費ヨリ支出スルモノトス、其植付手入レニ關シテハ夫役ヲ賦課スルコトヲ得

第五條　公債ヲ起ス場合ニハ市（又ハ町村、町村組合）會ノ議決ヲ經其起債ノ年度ニ限リ第三條植付ノ全部又ハ一部ヲ停止スルコトヲ得

第六條　間伐輪伐植繼、及管理方法ニ關シテハ市（又ハ町村、町村組合）會ノ議決ヲ經テ之ヲ定ム

附　則

第七條　本條例ハ何年度ヨリ之ヲ施行ス

其　三

市町村《しちやうそん》に於《おい》て突發的《とつぱつてき》なる罹災《りさい》の救助資金《きうじよしきん》を蓄積《ちくせき》する目的《もくてき》の爲《ため》の蓄積條例《ちくせきでうれい》の例《れい》。本條例《ほんでうれい》は市制第《しせいだい》百九條《でう》、町村制第《ちやうそんせいだい》八十九條《でう》に準據《じゆんきよ》すべきものであるが、本例《ほんれい》は内務省地甲通牒《ないむしやうちかふつうてふ》の標準條例案《へうじゆんでうれいあん》に依《よ》つたものである。

市町村罹災救助資金蓄積條例

第一條　本町（又ハ村）ハ本條例ノ規定ニ依リ非常災害罹災者救助ノ資金ニ充當スル爲メノ罹災救助資金ヲ蓄積ス

第二條　資金ハ總額何萬圓ニ達スルヲ目的トシ其額ニ達スル迄毎年度町（又ハ村）費ヨリ現住戸數一戸ニ付金何程以上ノ割合ヲ以テ（又ハ金何百圓ツヽ）蓄積スルモノトス
第三條　前條ノ外資金ヨリ生スル收入及資金ニ對スル補助金及指定寄附金ハ總テ資金ニ編入蓄積ス
第四條　資金ヲ支出シタル爲第二條ノ目的額ヨリ減少シタル場合ニ於テハ更ニ其金額ニ達スル迄第二條ノ例ニヨリ補塡スルモノトス
第五條　左ノ各號ノ一ニ該當スル年度ニ於テハ町（又ハ村）會ノ議決ヲ經テ第二條ノ停止又ハ削減スルコトヲ得
一　町（又ハ村）債ノ起債又ハ其償還ヲ爲ストキ
二　町（又ハ村）內現住戸數三分ノ一以上カ非常災害ヲ蒙リタルトキ
三　第九條ニ依リ本資金ヲ消費セシトキ
四　制限外ノ課税又ハ特別税ノ賦課ヲ爲ストキ
第六條　資金ハ罹災救助基金ヨリ救助ヲ受クルニ至ラサル災害、又ハ該基金ノ救助以外ニ於テ救助ノ必要ヲ認メタル場合ニ際シ支出スルモノトス
第七條　前條ニ依リ救助ノ爲メ資金ヲ支出シ得ヘキ費用ノ種類左ノ如シ
一　避難所費　罹災者ノ爲ニ避難所ヲ設クル必要アルトキ支出スルモノトス
二　食料費　罹災者ノ爲メニ焚出ヲ爲シ又ハ食品ヲ給與スルノ必要アルトキ支出ス

三　被服費　罹災者自ラ被服ヲ給シ得サル場合ニ被服ヲ給與スルトキ支出ス
四　治療費　災害ノ際罹災者ノ傷痍疾病ヲ治療スルノ必要アルトキ支出ス
五　小屋掛費　災害ノ際罹災者ノ爲メ小屋掛ヲ爲シ又ハ爲スヘキ材料ヲ給與スル場合ニ於テ支出ス
六　就業費　災害ノ際主トシテ勞働ヲ要スル業務ニ從事シ價格僅少ナル資料又ハ器具ニ依頼スル貧民ニシテ罹災ノ爲メ其資料又ハ器具ヲ亡失シタル者ニ就業ノ爲メ必要缺クヘカラサル資料又ハ器具ヲ給與スル場合ニ支出ス
第八條　救助費ノ支出並其支給制限等ハ本府（又ハ縣）令第何號罹災救助基金規則第何章ノ例ニ依ル
第九條　資金ハ第七條ニ依リ救助ノ爲支出スルノ外本町（又ハ村）永久ノ利益ト爲ルヘキ支出ヲ要スル場合ニ於テハ特ニ之ヲ消費スルコトヲ得
前項ニ依リ資金ヲ消費スルトキハ豫メ期間及方法ヲ定メ其消費金額並利子ニ相當スル金額ヲ特ニ積立ツルモノトス
第十條　資金ハ國債證券、地方債證券又ハ政府ノ保證アル株券債券ヲ買入レ又ハ郵便貯金ト爲シ若クハ確實ナル銀行ニ預入レ増殖スルモノトス
第十一條　資金ハ特別會計ト爲シ其種類金額及收支精算ノ要領ハ毎年度町（又ハ村）會ニ報告シ且之ヲ町（又ハ村）内ニ公告スルモノトス

附則

本條例ハ發布ノ年度ヨリ之ヲ施行ス（又ハ何年度ヨリ之ヲ施行ス）

其四

小學校《せうがくかう》の建築《けんちく》準備《じゆんび》資金《しきん》積立《つみたて》の爲《た》めの積立金條例《つみたてきんでうれい》の例《れい》。

市町村學校建築準備積立金條例

第一條　本町（又ハ村）小學校建築費ニ充ツル爲メ建築準備積立金トシテ毎年度金壹百五拾圓以上ヲ積立テ、其總額拾萬圓ニ達セシムルモノトス、積立金ヨリ生スル其收入ハ之ヲ元資ニ繰入ルルモノトス

第二條　積立金前條ノ所定額以上ニ達シタルトキハ其積立ヲ停止ス但積立金ヨリ生スル收入ハ此限ニ在ラス

第三條　第五條ニ依リ積立金ヲ處分シタル爲メ積立金第一條ノ所定額ヲ減少シタルトキハ其總額拾萬圓ニ達スルマテ更ニ積立ヲ爲スモノトス

第四條　左記各號ノ一ニ該當スル年度ニ於テハ町村會ノ議決ヲ經第一條ノ積立ヲ停止シ又ハ削減スルコトヲ得

一　町（又ハ村）債ヲ起シタル年度又ハ其償還年度
二　非常災害ヲ蒙リタル年度
三　臨時費金五百圓以上ヲ支出スル年度
四　制限外課税又ハ特別税ノ賦課ヲ爲ス年度
五　第五條ニ依リ積立金ヲ處分シタル年度

第五條　積立金ハ小學校ノ新築、增築、改築並ニ移轉費何程以上ヲ要スル場合ノ外之ヲ處分スルコトヲ得ス

附　則

本條例ハ何年度ヨリ之ヲ施行ス

其　五

市町村《しちやうそん》の財産管理《さいさんくわんり》の規程《きてい》の例《れい》。本規定《ほんきてい》は市制第《しせいだい》四十二條《でう》、町村制第《ちやうそんせいだい》四十條《でう》の各《かく》九號《がう》の規定《きてい》に準《じゆん》據《きよ》して作《つく》らねばならぬものである。

市町村財產管理規程

第壹章　總　則

第一條　本町（又ハ市、村）有財産ハ本規程ニ依リ之ヲ管理スルモノトス、但本規程中別ニ管理方法ヲ規定セサル財産ハ市（又ハ町村）長ニ於テ適宜管理スルモノトス
第二條　本規程ニ規定スル財産ト稱スルハ町（又ハ市、村）基本財産、町（又ハ市、村）立小學校基本財産其他特別ノ積立金穀等ニシテ町（又ハ市、村）長ニ於テ管理スヘキモノヲ云フ
第三條　左ノ事項ハ町（又ハ市、村）會ノ議決ヲ經ルヲ要ス
一　現金ヲ一ケ月以上收入役ニ於テ保管スルコト
二　現金ノ預入又有價證券ノ保護預ヲ爲ス銀行ノ選定
三　本規定ノ財産ニヨリテ有價證券及土地其他不動産ノ買入
四　穀物ヲ保護預ト爲ス人ヲ指定スルトキ
五　土地建物ノ貸附料ヲ定ムルコト
六　貸附土地建物ノ損害賠償額ヲ決定スルトキ
七　第十四條但書ニ依リ貸附穀物ノ利子免除ノコト
第四條　預金通帳有價證券ハ毎月一回町（又ハ市、村）長ニ於テ收入役立會ノ上檢閲スヘシ但シ有價證券ヲ保護預ト爲シタルモノハ其預リ證書ヲ檢閲スルモノトス

第二章　現　金

第五條　現金ハ收入役ヲシテ保管セシメ其額金壹圓ニ達シタルトキハ郵便貯金又ハ確實ナル銀行ニ預入ルヘシ但シ一ケ月以內ノ保管及特別ノ事由ニ依リ保管スルノ必要アルモノハ此限ニ在ラ

ス

第六條　現金ハ其額金百圓（又ハ五十圓）ニ達シタルトキハ可成有價證券若クハ土地ヲ購入スヘシ但特別ノ積立金ハ此限ニ在ラス

第七條　現金ハ本町（又ハ市、村）ニ於テ起債ノ必要アルトキハ歳計ニ運用スルコトヲ得但此場合ニ於テハ一ケ年何分ノ利子ニ相當スル額ヲ増シ戻入ルモノトス

第八條　現金ハ他郡市町村其他ノ公共團體ニ貸附スルコトヲ得此場合ニ於テハ利子ハ年五分以上トス

第九條　現金ヲ個人ニ貸附又ハ預入スルトキハ確實ナル擔保ヲ徴スヘシ其利子ハ年六分以上トス

前項ノ擔保ハ政府並地方發行ノ公債證書又ハ確實ト認ムル銀行會社ノ株券若クハ土地建物トシ貸附歩合ハ擔保品ノ時價七分以内トス但土地建物ノ擔保ハ第一抵當タルヲ要ス

第三章　有價證券

第十條　有價證券ハ政府發行ノ公債證書又ハ確實ト認ムル銀行會社ノ株券ヲ購入スルモノトス

第十一條　有價證券ハ確實ナル銀行ニ保護預ケト爲シ其預證書ヲ保管シ若クハ町（又ハ市、村）備付ノ金庫ニ收ムヘシ

第四章　穀物

第十二條　穀物ハ俵裝シ町（又ハ市、村）長ニ於テ身元確實ナルモノニ保護預ト爲シ、又ハ倉庫

ニ貯藏シ每年春秋二期ニ於テ收入役立會ノ上檢閲ヲ行フヘシ但倉庫ニ貯藏スルトキハ監守人ヲ附スヘシ
第十三條　貯藏ノ穀物ハ何年ノ後每一年ツツ順次ニ舊穀ヲ賣却シ新穀ヲ購入スヘシ但賣却購入ハ總テ競爭入札ニ依ルヘシ
第十四條　穀物ハ本町（又ハ市、村）民ニ限リ一ケ年五分以上ノ利附ヲ以テ貸附スルコトヲ得但左ノ各號ノ一ニ該當スル場合ニ於テハ利子ヲ免除スルコトヲ得
一　非常ノ災害又ハ凶荒ニ罹リ食料ヲ得難キトキ
二　鼠其他蟲害又ハ腐蝕ノ虞アル爲メ新穀ニ代ユル必要アルトキ前項ノ場合ニ於テハ貸附穀物ノ代價以上ニ當ル擔保ヲ納メシムヘシ但本町（又ハ市、村）內住民ニシテ元利及損害ヲ辨償スルニ足ルヘキ資力アル者二人以上ノ保證アルトキ又ハ十人以上ノ連帶債務ニシテ債務額ノ三分ノ一以上ヲ負擔スルニ足ルヘキ資力アル者三人以上アルトキハ此限ニアラス
本條ノ貸附期限ハ一ケ年ヲ超ユルコトヲ得ス

第五章　土地建物

第十五條　第四條ニ依リ購入スヘキ土地ハ將來永久ノ收益アルモノヲ選ムヘシ
第十六條　公用ニ供セサル土地建物ハ貸附料ヲ徵シテ之ヲ貸附スルコトヲ得但公益ノ爲ニスル事業ニ關シ貸附スル場合ニ於テハ貸附料ヲ徵收セサルコトアルヘシ
第十七條　土地建物ヲ貸附スルトキハ借受人ヲシテ本町（又ハ市、村）公民中直接國稅年額金參

圓以上ヲ納付スル者二名以上ノ保證人ヲ附セシムヘシ
土地建物ノ貸附期限ハ五ケ年ヲ超ユルコトヲ得ス但年期中ト雖モ本町（又ハ市、村）ノ必要ニ應シ之ヲ返還セシムルコトアルヘシ
營利ノ目的ニアラスシテ借受期日十日以內ノモノ及借受期日五日以內ニシテ貸附料ヲ前納シタルモノハ町（又ハ市、村）長ノ意見ヲ以テ本條第一項ノ手續ヲ省略スルコトヲ得
第十八條　土地建物ノ貸附料金ハ毎年九月一日、三月一日ノ二期若クハ毎月之ヲ徵收シ貸附期限一ケ年以內ノモノハ貸附ノ時之ヲ徵收ス
期限內ニ返還セシメタルモノノ料金ハ月割ヲ以テ返還ノトキ直チニ之ヲ徵收又ハ拂戾シスルモノトス
第十九條　土地建物ノ借受人ハ如何ナル事由アルモ他人ニ轉貸スルコトヲ許サス
借受人前項ノ規定ニ違背シタルトキハ貸附期限ノ如何ニ拘ラス直チニ之ヲ返還セシメ尙ホ之ヨリ生シタル損害ハ借受人ヨリ賠償セシムルモノトス
第二十條　借受人ニ於テ土地建物ノ原形ヲ變更セントスルトキハ其事由及變更ノ方法ヲ具シ町（又ハ市、村）長ノ許可ヲ受クヘシ
前項ニ依リ變更シタルモノハ期限滿了ニ至リ原形ニ復シ返還セシムルモノトス但土地建物ノ永久ノ利益ト爲ルヘキモノニシテ特ニ許可ヲ受ケタルモノハ此限ニアラス

第六章　附則

第二十一條　本規程ハ何年何月何日ヨリ之ヲ施行ス（又ハ發布ノ日ヨリ之ヲ施行ス）

第二十二條　本規程施行前貸附シタルモノハ其期限滿了ニ至ルマテ總テ其契約ノ定ムル所ニ依ル

其　六

市町村有《しちやうそんいう》の營造物《さうえいぶつ》使用《しよう》する場合《ばあひ》の例《れい》。本規程《ほんきてい》は市制第《しせいだい》百十一條《でう》、町村制第《ちやうそんせいだい》九十一條《でう》の規定《きてい》に準據《じゆんきよ》するものであるが、本例《ほんれい》は某縣《ばうけん》の町村《ちやうそん》に於《おい》て實施《じつし》しつゝある屠殺場使用規程《とさつぢやうしようきてい》を示《しめ》したものである。

屠場（又ハ營造物）使用規則

第一條　本町（又ハ市、村）屠場ヲ使用セントスル者ハ屠畜ノ種類、頭數及使用ノ日時ヲ具シ其都度口頭又ハ書面ヲ以テ町（又ハ市、村）長ニ願出許可ヲ受クヘシ

第二條　屠場使用者ハ使用前屠畜ノ種類並頭數ニ應シ別ニ定ムル所ノ使用料ヲ納付スヘシ

第三條　屠畜ニ要スル人夫、藥品其他必要ノ費用ハ總テ使用者ノ負擔トス

第四條　屠場ヲ使用スルニ當リ建物、器具等ヲ毀損亡失シタルトキハ之ヲ賠償セシム

第五條　屠場使用者ハ使用後場內及器具ヲ洗滌シ血液、汚物及汚水ヲ處置スル等清潔ニ掃除ヲ爲

スヘシ

附　則

本規則ハ發布ノ日ヨリ之ヲ施行ス（又ハ何年何月何日ヨリ之ヲ施行ス）

其　七

市町村有《しちやうそんいう》の土地《とち》物件《ぶつけん》使用《しよう》加入金《かにふきん》徴收《ちようしう》條例《でうれい》の例《れい》。本例《ほんれい》は市制第《しせいだい》百十二條《でう》、町村制第《ちやうそんせいだい》九十二條《でう》の規《き》定《てい》に準據《じゆんきよ》すべきものである。

土地物件使用加入金徴收條例

第一條　新ニ本町（又ハ市、村）ニ一戸ヲ構ヘ住居ヲ占ムル者特ニ本町（又ハ市、村）有ノ土地物件ニ付キ左ノ使用權ヲ得ントスル者アルトキハ本町（又ハ市、村）ハ町村制第九十二條ニ依リ加入金ヲ徴收シテ之ヲ許可ス

一　何　々

一　何　々

第二條　加入金ハ金五拾圓（又ハ何圓）以上金百圓（又ハ何圓）以下トシ其額ハ加入ノ際該範圍

內ニ於テ本町（又ハ市、村）會之ヲ議定ス

第三條　使用物件ハ本町（又ハ市、村）地籍外ノ土地家屋若クハ營造物ノ需用ニ充ツルヲ得ス又ハ之ヲ製作スルト否トニ拘ハラス他町村ニ販賣スルコトヲ得ス

第四條　加入金ハ使用權ヲ許可スルト同時ニ之ヲ完納セシム但使用權ヲ抛棄シ若クハ他町村ヘ轉居シ其他異動ヲ生スルカ爲メ權利ヲ行フコト能ハサル場合ト雖モ之ヲ還付セス

第五條　使用權ヲ有スル者他市町村ヘ住居ヲ轉シ又ハ廢戶絕家等異動ノ爲メ其權利ノ行使ヲ中斷スルモ滿十ケ年以內ニ本町（又ハ市、村）內ヘ復歸又ハ廢絕家再興者ハ更ニ加入金ヲ徵收セスシテ權利ヲ復ス

第六條　使用權ハ家督相續人ニ於テ繼承スルコトヲ得

第七條　使用權ハ賣買贈與質若クハ抵當ノ目的ト爲スコトヲ得ス

第八條　使用權者トシテ第一條規定ノ目的ニ反スルカ又ハ第三條、第七條ノ規定ニ違背スル者ハ其使用權ヲ褫奪ス

附　則

第九條　本條例ハ何年何月何日ヨリ之ヲ施行ス（又ハ發布ノ日ヨリ之ヲ施行ス）

第十條　本條例施行以前本町（又ハ市、村）內ニ一戶ヲ構ヘ住居ヲ占ムル者ハ第一條ニ揭クル土地物權ニ付キ使用權ヲ有スル者トシ其權利ハ總テ此規定ニ依ルモノトス

其　八

其《その》七に示《しめ》したる條例《でうれい》による加入金及使用料《かにふきんおよびしようれう》の徴收《ちようしう》を規定《きてい》せる條例《でうれい》の例《れい》。

土地物件使用料及加入金徴收條例

第一條　本町（又ハ村）ノ土地ヲ使用セントスル者若クハ防火及耕地用水ヲ共用的以外ニ使用セントスル者ハ豫メ町（又ハ村）長ノ許可ヲ受クヘシ

第二條　本町（又ハ市、村）有ノ土地ヲ使用スル者ハ左ノ割合ニ依リ使用料ヲ納付スヘシ但一反歩ニ付キ一ケ年ヲ以テ計算ス

一　宅地　五圓以上百五十圓以下

二　田畑　壹圓以上三十圓以下

三　原野　五十錢以上拾五圓以下

第三條　防火及耕地用水ヲ使用スル者ハ左ノ割合ニ依リ使用料ヲ納付スヘシ

一　一ケ年ニ付キ水車差渡三尺以下金四圓以上拾五圓以下但同三尺以上一尺ヲ増ス毎ニ金三圓以上貳拾圓以下ヲ加フ

二　育魚所一反歩ニ付キ金四圓以上拾五圓以下　生巣箱三尺立方ニ付キ金壹圓以上五圓以下但シ同一尺立方ヲ増ス毎ニ金拾錢ヲ加フ

財務ニ關スル書式（其九）

第四條　土地用水使用者其使用ノ許可ヲ得ントスルトキハ左ノ範圍內ニ於テ町（又ハ市、村）長ノ定ムル加入金ヲ納付スヘシ

一ケ年間ノ使用料金額ノ三割以上七割以下

第五條　使用料ハ町（又ハ村）長ニ於テ納期ヲ定メ使用ノ月額ヲ以テ徴收ス但シ一ケ月未滿ノ場合ハ一ケ月トシテ一ケ月分ノ使用料ヲ徴收スルモノトス（又ハ日割ヲ以テ之ヲ徴收ス）

第六條　本條例第一條ニ違背シタル者ハ科料ニ處スルコトアルヘシ

其　九

市町村《しちやうそん》に於《おい》て建築《けんちく》したる住宅《ぢうたく》を使用《しよう》するに就《つい》ての條例《でうれい》。本條例《ほんでうれい》は市制第《しせいだい》百十三條《でう》、町村制第《ちやうそんせいだい》九十三條《でう》の規定《きてい》に準據《じゆんきよ》すべきものである。

市町村營住宅及使用料條例

第一條　本町有（又ハ市、村）住宅ヲ使用セントスル者ハ本町（又ハ市、村）長ノ許可ヲ受クヘシ

第二條　使用期間ハ一ケ年以內トシ期間滿了後引續キ使用セントスルトキハ更ニ前條ノ許可ヲ受

クルモノトス
第三條　使用ノ許可ヲ受ケタル者ハ五日以內ニ請書ヲ町（又ハ市、村）長ニ差出スヘシ
第四條　使用料ハ月額トシ別表ノ範圍內ニ於テ町（又ハ市、村）會ノ議決ヲ經テ之ヲ定ム
使用一ケ月ニ滿タサル月ノ使用料ハ住宅地用ノ際ニ於テハ其許可ノ日ヨリ返還ノ際ニ於テ返還ノ日マテ日割ヲ以テ計算ス
第五條　使用料ハ住宅使用ノ際ニ於テハ其當月分ヲ第三條ノ請書ト共ニ其後ハ每月二十五日マテニ翌月分ヲ納付スヘシ
第六條　町（又ハ市、村）長ニ於テ必要アリト認ムルトキハ保證金ヲ提供セシメ又ハ保證人ヲ立テシムルコトアルヘシ
保證金ハ使用料ノ三ケ月以內ニ相當スル金額トス但保證金ニハ利子ヲ付セス
保證金ヲ納付セシムル場合ニ於テ町（又ハ市、村）長ハ第五條ノ使用料納期ヲ每月二十五日限リト爲スコトアルヘシ保證人ハ使用者ト連帶シテ責任ヲ負擔スルモノトス
第七條　住宅ハ名儀事情ノ何タルヲ問ハス其一部ヲ他人ニ使用セシメ又ハ使用權ヲ擔保セシメ又ハ使用權ヲ擔保貸附ニ供シ若クハ讓渡スルコトヲ得ス但家督相續ニ因リ繼承スル場合ハ此限ニアラス
前項但書ノ場合ニ於テハ直ニ町（又ハ市、村）長ニ屆出ツヘシ
第八條　左ノ各號ノ一ニ該當スル場合ニ於テハ使用者ハ町（又ハ市、村）長ノ許可ヲ受クヘシ

一　家族以外ノモノヲ居住セシメントスルトキ
二　模樣替其他ノ工作ヲ加ヘントスルトキ
三　營業用トシテ住宅ヲ使用シ又ハ營業種目ヲ增加セントスルトキ
四　前各號ノ外町（又ハ市、村）長ニ於テ許可ヲ受ケシムルヲ要スト認メタル事項ヲ指示シタルトキ

第九條　町（又ハ市、村）長ハ住宅ノ管理取締上必要アルトキハ吏員ヲシテ臨時屋內檢査ヲ爲サシメ又ハ必要ナル工事ヲ施行ス

第十條　使用者ハ常ニ住宅ノ內外ヲ整理シ外觀ヲ損シ又ハ風俗ヲ害シ若クハ比隣ノ迷惑トナルヘキ行爲ヲナスコトヲ得ス

第十一條　住宅又ハ附屬物ヲ毀損滅失シタルトキハ使用者ハ之ヲ原形ニ復シ若クハ其費用ヲ賠償スルコトヲ要ス

第十二條　使用期間中ニ本條例又ハ本條例施行細則其他本條例ニ基ク指示等ノ改正アルモ使用者ハ異議ナク之ヲ遵守スルコトヲ要ス住宅一般ノ使用料ノ準率改正ニ依リ使用料ノ增額アリタルトキモ亦同シ

前項ノ場合ニ於テ使用者又ハ關係者ニ損害ヲ生スル事アルモ町（又ハ市、村）ハ其責ニ任セス

第十三條　住宅又ハ附屬物ニ付キ町（又ハ市、村）ト使用者トノ間ニ於ケル通常修理費ノ內障子帳替及疊表替ハ之ヲ使用者ニ負擔セシム其他ノ通常修理費ノ分擔區分等ハ許可書ニ於テ之ヲ定

ム

第十四條　左ノ金額ハ保證金中ヨリ之ヲ控除ス

一　住宅返還ノ際未納ノ使用料アルトキ

二　第十一條、第十六條ノ賠償金ヲ完納セサルトキ

第十五條　前條第二項ノ場合ニ於テ生スル保證金ノ不足額ハ直チニ之ヲ補塡納付スヘキモノトス

第十六條　住宅ヲ返還セントスルトキハ五日前ニ本市ニ屆出住宅其他附屬物ノ檢査ヲ受クヘシ

前項ノ場合ニ於テ毀損又ハ滅失シタルモノアルトキハ返還前ニ其賠償ヲ了スヘシ

第十七條　左ノ各號ノ一ニ該當スルトキハ町（又ハ市、村）長ハ住宅使用ノ許可又ハ使用ニ關シ與ヘタル承認ヲ取消シ住宅ノ返還ヲ命スルコトアルヘシ

第十二條第二項ノ規定ハ前項ノ場合ニ之ヲ適用ス

一　使用者又ハ居住者本條例及許可書若クハ之ニ基キ發スル規定其他指示ニ違反シタルトキ

二　使用料金ヲ指定ノ期間內ニ完納セサルトキ

三　町（又ハ市、村）長ニ於テ公益上必要ト認メタルトキ

第十八條　本條例施行ニ關シ必要ナル細則ハ町（又ハ市、村）長之ヲ定ム

附　則

本條例ハ發布ノ日ヨリ之ヲ施行ス本條例施行ノ際現ニ從前ノ規定ニ依リ貸與ノ承認ヲ受ケ使用セル者ハ本條例ニ依リ許可ヲ受ケタル者ト看做ス

其　十

市《し》又《また》は町村《ちやうそん》に於《おい》て所有《しよいう》する家畜市場《かちくしぢやう》の使用《しよう》に關《くわん》する規程《きてい》の例《れい》。

家畜市場使用料條例

第一條　本町（又ハ市、村）ハ本町（市又ハ村）常設（又ハ定期若クハ臨時）家畜市場ヲ使用スル者ヨリ左ノ使用料ヲ徴收ス

一　家畜入場シタル場合

牛馬一頭ニ付キ金拾五錢　羊豚一頭ニ付拾錢

二　畜舎ヲ使用シタル場合

牛馬一頭一夜ニ付キ金拾五錢　羊豚一頭一夜ニ付キ金拾錢

三　賣買ノ場合

牛馬一頭ニ付キ金五拾錢　羊豚一頭ニ付キ金參拾錢但シ價格拾五圓未滿ノモノハ一頭ニ付キ金貳拾錢

四　交換ノ場合

牛馬一交換ニ付キ金四十錢　羊豚一交換ニ付キ金貳拾錢

五　賣買交換違約ノ場合

牛馬一頭ニ付キ金參圓　羊豚一頭ニ付キ金壹圓五拾錢　價格拾圓未滿ノモノニアリテハ其價格ノ一割

第二條　家畜入場シタル場合ニ於ケル使用料ハ入場券ヲ交付スルトキ牽入當人ヨリ、畜舍ヲ使用シタル場合ニ於ケル使用料ハ退場ノトキ牽出當人ヨリ、賣買、交換ノ場合ニ於ケル使用料ハ其賣買、交換ヲ終リタルトキ賣買交換當事者ヨリ半額ツヽ、賣買交換違約ノ場合ニ於ケル使用料ハ其事故發生ノトキ違約者ヨリ之ヲ徴收ス

附　則

本條例ハ何年何月何日ヨリ之ヲ施行ス（又ハ發布ノ日ヨリ之ヲ施行ス）

其十一

市町村營《しちやうそんえい》の屠場《とぢやう》使用《しよう》に關《くわん》する條例《でうれい》の例《れい》。

屠場使用料條例

第一條　本町（又ハ市、村）屠場ヲ使用スル者ヨリ左ノ使用料ヲ徴收ス

一　使用者カ本町（又ハ市、村）住民ナルトキ

牛馬一頭ニ付金壹圓五十錢　羊豚一頭ニ付キ金七十錢　犢一頭ニ付キ金五十錢

二　使用者カ他市町村住民ナルトキ

牛馬一頭ニ付キ金壹圓八拾錢　羊豚一頭ニ付キ金壹圓　小犢一頭ニ付キ金七十錢

第二條　使用料ハ使用ノ許可ヲ爲シタルトキ之ヲ徵收ス

前項ノ使用料ハ其納付後使用ヲ取消スコトアルモ之ヲ還付セス

第三條　第二條ノ許可ヲ受ケスシテ屠場ヲ使用シタル者ハ五圓以上ノ過料ニ處シ且其使用ニ對シテハ第一條ノ使用料ヲ徵收ス

附　則

本條例ハ發布ノ日ヨリ之ヲ施行ス（又ハ何年何月何日ヨリ之ヲ施行ス）

其十二

市町村營《しちやうそんえい》の火葬場《くわさうば》使用料《しようれう》に關《くわん》する規程《きてい》の例《れい》。

火葬場使用料條例

第一條　本町（又ハ市、村）火葬場ヲ使用スル者ヨリ左ノ使用料ヲ徵收ス但法令ノ規程ニ依リ火葬ヲ要スル者ハ此限ニアラス

一等金何圓　二等金何圓　三等金何圓

本町（又ハ市、村）住民外ノ死屍ヲ火葬スル場合ハ前項使用料ノ五割ヲ増徴ス
第二條　火葬場ヲ使用セントスル者ハ町（又ハ市、村）長ニ願出テ許可ヲ受クヘシ
第三條　使用料ハ前條ニ依リ許可ヲ爲シタルトキ之ヲ徴收ス
前項ノ使用料ハ其納付後使用ヲ取消ストモ之ヲ還付セス
第四條　官公費ノ救助ヲ受クル者又ハ町（又ハ市、村）長ニ於テ使用料ヲ納付スルノ資力ナシト認メタル者ニ對シテハ使用料ノ徴收ヲ免除スルコトヲ得
第五條　第二條ノ許可ヲ受ケスシテ火葬場ヲ使用シタル者ハ五圓以下ノ過料ニ處シ且ツ其使用ニ對シテハ第一條ノ使用料ヲ徴收ス

附　則

本條例ハ發布ノ日ヨリ之ヲ施行ス

其十三

墓地使用條例

第一條　本町（又ハ市、村）ハ本町（又ハ市、村）墓地ヲ使用スル者ヨリ其等地及面積ニ應シ左ノ使用料ヲ徴收ス但法令ノ規定ニ依リ埋葬ヲ要スルモノハ此限ニアラス

等地	面積	一坪ノ使用料金額
一等地	一坪マデ	壹圓
	二坪マデ	壹圓五拾錢
	三坪マデ	貳圓
	四坪マデ	貳圓五拾錢
	五坪マデ	參圓五拾錢
二等地	以下略ス	

前項各等地並第六條等外地ノ區劃及坪割ハ町(又ハ市、村)會ノ議決ヲ經テ之ヲ定ム

本町(又ハ市、村)住民外ノ死屍又ハ遺骨ヲ埋葬スル爲メ使用スル場合又ハ第二條但書ニ依リ增加使用ヲ許可シタル部分ニ對シテハ第一項使用料ノ倍額ヲ徵收ス

第二條　墓地使用坪數ハ一等地、二等地ハ五坪、三等地ハ三坪ヲ超ユルコトヲ得ス但特別ノ事情アルカ爲メ本條制限ヲ超ユル坪數ヲ使用スル必要アリト認ムル者ニ對シテハ特ニ增加使用ヲ許可スルコトアルヘシ

第三條　墓地ヲ使用セントスル者ハ町(又ハ市、村)長ニ願出テ許可ヲ受クヘシ

第四條　使用料ハ第三條ニ依リ許可ヲ爲シタルトキ之ヲ徵收ス

第五條　官公費ノ救助ヲ受クル者又ハ町(又ハ市、村)長ニ於テ使用料ヲ納付スルノ資力ナキ者ト認メタル者ニ對シテハ使用料ヲ徵收セス

第六條　第一條但書ニ該當スル死屍又ハ遺骨ハ等外地ニ埋葬スルコトヲ得

第七條　墓地使用者ハ常ニ使用地ヲ淸淨ニシ建設物又ハ樹木ニ付テハ相當手入ヲ加ヘ保存スヘシ

附　則

本條例ハ發布ノ日ヨリ之ヲ施行ス（又ハ何年何月何日ヨリ之ヲ施行ス）

其　十　四

草刈場使用料條例

第一條　本町（又ハ村）草刈場ヲ使用スル者ヨリ左ノ使用料ヲ徵收ス

一　第四條ノ使用ニ在リテハ一期一段步ニ付キ金拾圓貳拾錢

二　前號以外ノ使用ニ在リテハ一人一日金拾錢

第二條　草刈場ノ位置及區域ハ別ニ之ヲ定ム

第三條　草刈場ノ使用ハ每年四月一日ヨリ翌年三月末日マテヲ一期トス

第四條　草刈場ノ使用ハ一人又ハ數人ノ爲メ地域ヲ區劃シテ專用セシムルコトヲ得其使用期間ハ二期以內トス

第五條　草刈場ヲ使用セントスル者ハ町（又ハ市、村）長ニ願出テ鑑札ヲ受クヘシ

草刈場ノ使用ヲ廢止セントスル者ハ本町（又ハ市、村）長ニ願出テ鑑札ヲ返納スヘシ

財務ニ關スル書式（其十五）

第六條　第一條ノ使用料ハ毎期初月又ハ鑑札交付ノ際其期分全額ヲ徴收スルモノトス

前項ノ使用料ハ其納付後其使用ヲ廢止スルコトアルトモ之ヲ還付セス

第七條　草刈場ニ生スル樹木ハ使用者ニ於テ之ヲ損傷又ハ伐採スルコトヲ得ス

第八條　第五條及第七條ノ規定ニ違背シタル者ハ五圓以下ノ過料ニ處シ且草刈場ノ使用ヲ禁止ス

禁止セシ場合ハ其使用料ヲ返還セス

附　則

本條例ハ發布ノ日ヨリ之ヲ施行ス

其十五

市町村《しちやうそん》の徴收《ちようしう》する手數料《てすうれう》に關《くわん》する條例《でうれい》の例《れい》。本條例《ほんでうれい》は市制第《しせいだい》百十三條《でう》、町村制第《ちやうそんせいだい》九十三條及第《でうおよびだい》百九條《でう》の規定《きてい》に準據《じゆんきよ》するものである。

市町村手數料徴收條例

第一條　本市（又ハ町村）ハ特ニ一個人ノ爲メニスル事務ニ付キ左ノ手數料ヲ徴收ス但法律ノ命令ニ依リ取扱フモノハ此限ニアラス

一　土地ノ測量　境界査定等ニ付キ吏員ノ實地踏査ヲ要スルトキ

一筆　何段歩以上金壹圓　何段歩未滿金五十錢

二　土地異動ニ關スル願屆書類圖面ノ作製　一筆ニ付キ金四十錢

三　租税、公課ニ關スル證明　一件金拾五錢

但三筆マテヲ一件トシ一筆ヲ加フル毎ニ金五錢ヲ増徴ス

四　土地ニ關スル證明　一件金拾五錢

但二筆マテヲ一件トシ一筆ヲ加フル毎ニ金五錢ヲ増徴ス

五　建物ニ關スル證明　一件金拾五錢

但三棟マテヲ一件トシ一棟ヲ加フル毎ニ金五錢ヲ増徴ス

六　船舶ニ關スル證明　一件金拾五錢

但一艘ヲ一件トシテ一艘ヲ加フル毎ニ金拾錢ヲ増徴ス

七　車輛ニ關スル證明　一件金拾錢

八　家畜ニ關スル證明　一件金拾錢

九　資産ニ關スル證明　一件金貳拾五錢

十　鑛業ニ關スル證明　一件金拾五錢

十一　營業、職業ニ關スル證明　一件金拾錢

十二　法人ニ關スル證明　一件金拾五錢

十三　本籍、住所、居所、寄留ニ關スル證明　一件金拾錢

財務ニ關スル書式（共十五）

財務ニ關スル書式（其十五）

十四　族籍、身分、氏名、年齡ニ關スル證明　一件金拾錢
十五　身元、品行、經歷ニ關スル證明　一件金拾錢
十六　在學、修學ニ關スル證明　一件金拾錢
十七　兵役ニ關スル證明　一件金拾錢
十八　身代限、家資分散、破產ニ關スル證明　一件金拾五錢
十九　刑罰、懲戒處分ニ關スル證明　一件金拾錢
二十　褒賞ニ關スル證明　一件金拾錢
二十一　生存、不在、失踪ニ關スル證明　一件金拾錢
二十二　出產、死亡、死產、結婚、相續、隱居、養子、緣組、本家、分家ニ關スル證明　一件金拾錢
二十三　家族、親族、隣佑ニ關スル證明　一件金拾錢
二十四　親權者、後見人、保佐人ニ關スル證明　一件金拾錢
二十五　面識ニ關スル證明　一件金拾錢
二十六　諸資格ニ關スル證明　一件金拾錢
二十七　雇人ニ關スル證明　一件金拾錢
二十八　財產管理人、破產管財人ニ關スル證明　一件金拾五錢
二十九　納稅管理人ニ關スル證明　一件金拾錢

三十　種痘ニ關スル證明　一件金　拾　錢

三十一　旅行ニ關スル證明　一件金拾　五　錢

三十二　印鑑ニ關スル證明　一件金　拾　錢

三十三　里程ニ關スル證明　一件金　拾　錢

三十四　航路、航海ニ關スル證明　一件金　拾　錢

三十五　社寺、宗教ニ關スル證明　一件金　拾　錢

三十六　埋、火葬ニ關スル證明　一件金　拾　錢

三十七　土地其他被害ニ關スル證明　一件金　拾　錢

三十八　公權、能力ニ關スル證明　一件金　拾　錢

三十九　漂流物、沈沒物ニ關スル證明　一件金　拾　錢

四十　文書受理ニ關スル證明　一件金　拾　錢

四十一　公簿、公文書、圖面ニ關スル證明　一件金　拾　錢

四十二　公簿、公文書、圖面印鑑閲覽照合　一件金　拾　錢

四十三　公簿、公文書謄本　抄本　一枚金　拾　錢

但謄本ノ場合ハ原本ノ枚數ニ依ル

四十四　圖面ノ謄本　抄本交付　一枚金五　拾　錢

但謄本ノ場合ハ原本ノ枚數ニ依ル

第二條　手數料ハ前條各號ノ事項ニ付許可ノ際之ヲ徵收ス
數人連合シテ出願スル場合ハ一人每ニ所定ノ手數料ヲ徵收ス
第三條　手數料ハ其納付後ニ於テ出願事項ヲ取消シ又ハ變更スルモ之ヲ還付セス
第四條　左ノ各號ノ一ニ該當スルモノハ手數料ヲ徵收セス
一　一般ニ周知セシムヘキ必要アル公文書ノ閲覽
二　官公吏其職務上必要アルモノ
三　公益ノ爲メ必要アルモノ
四　官公費ノ救助ヲ受クルモノ又ハ其救助ヲ受クル爲メ必要アルモノ
五　官公立學校ヘ入學ノ爲必要アルモノ
六　現役陸軍海軍軍人賜暇歸省ニ關シ必要アルモノ
七　鑛山主ニ於テ鑛夫ノ徵兵上ノ關係ヲ調査スル爲メ必要アルモノ
八、町（又ハ村）長ニ於テ手數料納付ノ資力ナシト認メタルモノ

附　則

本條例ハ發布ノ日ヨリ之ヲ施行ス（又ハ何年何月何日ヨリ之ヲ施行ス）

其　十　六

市町村有《しちやうそんいう》の財産《ざいさん》を賣却《ばいきやく》或《あるひ》は貸與《たいよ》贈與《ぞうよ》する規定《きてい》と物件勞力《ぶつけんらうりよく》其他《そのた》の供給規程《きやうきふきてい》の例《れい》。本規程《ほんきてい》は市制《しせい》第《だい》百十四條《でう》、町村制第《ちやうそんせいだい》九十四條《でう》の規定《きてい》に準據《じゆんきよ》すべきものである。

市町村有財産賣却貸與及物件勞力其他供給規程

第一條　財産ノ賣却貸與及物件勞力其他ノ供給ハ左ノ場合ニ限リ競爭入札ニ附セス隨意ノ契約ニ依ルコトヲ得

一　一人又ハ一會社ニテ專有スル物件若クハ特殊ノ物質ノ專有者若クハ生産製造者ヨリ直接ニ買入レ又ハ借入ルルトキ

二　豫定價格金何百圓ヲ超ヘサル財産ノ賣却貸與ヲ爲シ又ハ物件勞力其他ノ供給ヲ受クルトキ

三　事業奬勵上ノ必要ニ依リ生産製造者ヨリ其生産製造物件ヲ直接ニ買入ルルトキ

四　公債證券、社債券及株券ヲ買入レ又ハ賣却スルトキ

五　土地建物ヲ緣故者ニ賣拂ヒ又ハ貸渡ストキ

六　直接公共ノ利益ト爲ルヘキ事業ノ爲メ其起業者ニ土地建物其他ノ物件ヲ賣拂ヒ又ハ貸渡ストキ

七　土地建物ノ買入借入ヲ爲スニ當リ其位置構造等ニ限リアルトキ

八　競爭ニ付スルモ入札者ナク又ハ落札セサルトキ但最初競爭ニ付シタル價格及條件ヲ變更ス

ルコトヲ得ス

第二條　財産又ハ物件ノ性質ニ依リ必要ト認メタル場合ニ於テハ競爭者ノ資格ヲ定メ又ハ特ニ指名競爭ニ付スルコトヲ得

第三條　左ノ各號ノ一ニ該當スル入札ハ無効トス

一　二名以上連合ノ入札

二　文字訂正ノ廉及氏名下ニ捺印ナキ入札

三　計算ニ相違アル入札

四　入札保證物ノ種類價格ノ第四條及第五條ニ適合セサルモノ

五　記載事項ノ明確ナラサルモノ

六　入札者其他不正行爲アリト認ムルモノ

七　競爭入札ニ關スル本町諸條例ニ適合セサルモノ

第四條　財産ノ貸與賣却又ハ物件勞力其他ノ供給ノ競爭ニ參加セントスル者又ハ契約ヲ結ハントスル者ハ左ノ制限ニ依リ其金額ニ相當スル保證物ヲ提供スルモノトス

一　競爭ニ加ハラントスル者ハ其入札價格ノ百分ノ七以上

二　契約ヲ結ハントスル者ハ請負金額ノ百分ノ十以上

隨意契約ノ場合ニ於テハ前項第二項ノ保證物ノ輕減又ハ免除スルコトアルヘシ但第一條第八號ノ場合ハ此限ニアラス

第五條　保證物ハ左ニ掲クル種類ノモノニ限ル但金錢ハ郵便爲替、收入役、領置證書（町又ハ村ノ金庫預證書）若クハ銀行手形ヲ以テ提供スルコトヲ得
一　金錢
二　國債證劵　地方債劵　勸業債劵　貯蓄債劵　農工債劵　但無記名ノモノニ限ル
前項證書及債劵ノ價格ハ町（又ハ市、村）長之ヲ定ム
第六條　財產ノ賣却貸與及物件勞力其他ノ供給ヲ競爭ニ付スルトキハ其價格ヲ豫定シ封書トシテ開札ノ場所ニ之ヲ置クモノトス
第七條　入札ハ財產ノ賣却貸與ニ關スルモノハ豫定價格以上ニシテ最高ノモノ物件勞力其他ノ供給ニ關スルモノハ豫定價格以內ニシテ最低ノモノヲ以テ落札トス但シ落札人ニ於テ不正行爲アリト認ムルトキハ其落札ヲ取消スコトアルヘシ
第八條　落札ト爲ルヘキ同價ノ入札ヲ爲シタルモノ二人以上アルトキハ同價ノ入札人ヲシテ再度ノ競爭入札ヲ爲サシム再度ノ入札猶ホ同價ナルトキハ抽籤ヲ以テ落札人ヲ定ム
第九條　入札中一モ豫定價格ニ達セサルトキハ再度ノ入札ニ付ス
第十條　左ニ掲クル場合ニ於テハ其入札又ハ落札ヲ取消シ其入札保證物ハ町（又ハ市、村）ノ所得トス
一　第十一條ノ規定ニ違背シタルトキ
二　入札ヲ差出シタル後其入札ヲ取消シ又ハ變更ヲ要求シタルトキ

三　落札者契約締結前其取消ヲ要求シタルトキ

第十一條　競爭入札ノ落札者ハ落札決定ノ通知ヲ受ケタル日ヨリ五日（又ハ何日）以內ニ別記樣式ノ契約證書ヲ町（又ハ市、村）長ニ差出シ契約ヲ締結スヘシ

前項ノ規定ハ隨意契約ニ依ル不動產ノ賣買交換、讓受、貸借及金穀ノ貸付預入ノ場合ニ之ヲ準用ス

第十二條　落札者ノ入札保證物ハ契約締結ノ後其他ノ保證物ハ開札ノ後、契約保證物ハ義務履行ノ後之ヲ本人又ハ本人指名ノ代理人ニ還付ス但必要ト認ムル場合ニ於テハ義務履行ノ後一定ノ期間保證物ヲ留置キ擔保ノ責ニ任セシムルコトアルヘシ

第十三條　財產ノ賣却貸與及物件勞力其他ノ供給ノ契約者契約ノ解除ヲ要求シタルトキ又ハ契約期間內ニ其義務ヲ履行セサルトキハ契約ヲ解除ス但義務履行ノ遲滯カ故意ニ原因セサルトキハ遲滯ノ日數一日ニ付キ請負金ノ千分ノ五ニ相當スル違約金ヲ請負金高ヨリ減殺シ延期スルコトアルヘシ

前項ノ規定ハ義務履行ノ遲滯カ不可抗力ニ原因スル場合ニ之ヲ適用セス

第十四條　前條ニ依リ契約ヲ解除シタルトキハ契約保證物ハ町（又ハ、村）ノ所得トス

第十五條　財產ノ貸與ヲ受ケタル者ハ町（又ハ市、村）長ノ承認ヲ經スシテ其原形又ハ使用ノ目的ヲ變更シ又ハ他人ニ轉貸スルコトヲ得ス

前項ノ規定ニ背キタルトキハ契約ヲ解除ス

第十六條　契約解除ノ場合ニ於ケル既納物件勞力其他ノ供給ニ對シテハ價格ノ百分ノ八十以內ノ代金ヲ交附ス

前項ノ價格及交付金額ハ町（又ハ市、村）長之ヲ定ム

第十七條　財產ノ賣却ニ關シテハ其代金納付後ニ非サレハ引渡ヲ、物件勞力其他ノ供給ニ關シテハ其供給ヲ完了シタル後ニ非サレハ支拂ヲ爲サヽルモノトス但別段ノ契約アルモノ及第十九條第一項ニ該當スルモノハ此限ニアラス

第十九條　物件勞力其他ノ供給ニ關シ契約ニ依リ其完了前ニ代金ノ支拂ヲ爲ス場合ハ現ニ供給濟ニ係ル價格ノ百分ノ八十以內トス

前項ノ價格ハ町（又ハ市、村）長之ヲ定ム

附　則

本條例ハ發布ノ日ヨリ之ヲ施行ス

前示《ぜんじ》の條例《でうれい》に基《もと》きて作製《さくせい》する不動產《ふどうさん》賣却《ばいきやく》又《また》は貸與《たいよ》の契約證書《けいやくしようしよ》の例《れい》。

不動產賣却又ハ貸與ノ契約證書

一　賣渡（又ハ貸附）土地

財務ニ關スル書式（其十六）

財務ニ關スル書式（其十六）　

何郡何市町村大字何々字何第何番地
田（又ハ畑或ハ山林原野）　何段何畝步

一　賣渡價格（又ハ貸附地料）
金何百何拾圓也（又ハ壹ケ年分金何程也）

一　貸附期間
自何年何月何日至何年何月何日

一　賣渡代金（又ハ貸附地料）納付期日
何年何月何日（又ハ毎年何年何日限貸附地料壹ケ年分ヲ納付スヘシ）

一　賣渡（又ハ貸附）契約保證物
現金何百圓也（又ハ公債、社債、債券額面何程何號、又ハ何番「一枚毎ニ番號又ハ債券名ヲ分記スルコト」）

右土地賣渡（又ハ貸附）ニ付キ前記ノ通契約ヲ締結ス就テハ何町（又ハ村）財産賣却貸與及物件勞力其他供給規程ヲ遵守シ無相違義務ヲ盡スヘシ依テ本契約證書貳通ヲ作リ當事者双方ニ於テ各壹通ヲ所持ス

何年何月何日

何町（又ハ市、村）長　何　某㊞

何郡何町村何番地　買受（又ハ借受）人　何　某㊞

（注意《ちうい》）土地《とち》の交換《かうくわん》譲受《ゆづりうけ》の場合《ばあひ》其他《そのた》の不動産《ふどうさん》及《および》動産《どうさん》の賣却《ばいきやく》貸與《たいよ》にして契約證書《けいやくしようしよ》を徴《ちよう》する場合《ばあひ》は前記《ぜんき》載例《さいれい》に準《じゆん》じ作成《さくせい》するものとす。

隨意《ずゐい》契約《けいやく》に由《よ》りて保證物《ほしようぶつ》を免除《めんぢよ》する場合《ばあひ》は當該《たうがい》事項《じかう》の記載《きさい》を省《はぶ》く。

貸附土地《かしつけとち》に對《たい》する公課《こうくわ》、使用《しよう》方法等《はふはふとう》に付特《つきとく》に契約《けいやく》を要《えう》する場合《ばあひ》は其事項《そのじかう》を追加《つゐか》するものとす。

物件勞力其他供給ノ契約證書

前示《ぜんじ》の條例《でうれい》に基《もと》きて作《つく》る物件勞力其他供給《ぶつけんらうりよくそのたきようきふ》に關《くわん》する契約證書《けいやくしようしよ》の書《か》き方《かた》。

何々（供給物件ノ種類）何程供給

一　金何千何百圓也

此契約保證物金何百圓也（何々公債證書額面金何百圓何番第何號「一枚毎ニ列記スルコト」）

現品納入期日　　何年何月何日

（何々供給完濟期日）（何年何月何日）

右金額ヲ以テ前記ノ通供給請負契約ヲ締結ス就テハ何町（又ハ市、村）財産賣却貸與及物件勞力其他供給規程ヲ遵守シ「物品ハ見本品ト同等以上ノモノヲ供給シ」無相違義務ヲ盡スヘシ依テ本契約證書貳通ヲ作リ當事者雙方ニ於テ各壹通ヲ所持ス

何年何月何日

何　町（又ハ市、村）長　何　某 ㊞

何郡何市町村何番地　請負人　何　某 ㊞

同上《どうじやう》の規程《きてい》に依《よ》りて作《つく》る借用證書《しやくようしようしよ》の例《れい》。

借用證書

一　借入金（又ハ穀）　何百圓也（又ハ何程）

一　借入金（又ハ穀）　利子年何分

一　借　入　期　日　何年何月何日

一　借　入　期　間　自何年何月何日　至何年何月何日

一　利子納付期日　毎年何月何日其年一ケ年分ヲ納付ス

一　元金納付期日　何年何月何日

此契約保證物　何々公債證書額面金何百圓何號第何番「一枚ニ列記スルコト」

右前記ノ通相違無ク義務ヲ盡スヘク候依而本證書差出候也

何年何月何日

何郡何市町村何番地　借受人　何　某㊞

何町(又ハ市、村)長　何　某　殿

其十七

市町村《しちやうそん》に於《お》ける工事《こうじ》請負《うけおひ》規程《てい》の例《れい》。

市町村工事請負規程

第一條　工事ノ請負ハ左ノ場合ニ限リ競爭入札ニ付セス隨意ノ契約ニ依ルコトヲ得

一　豫定價格ヲ超ヘサルトキ

二　特殊ノ技術ヲ要スルトキ

三　請負中ノ工事ニ附帶シ分離施工スル能ハサルトキ

四　競爭ニ付スルモ入札者ナク又ハ落札セサルトキ但最初ノ競爭ニ付シタル最低入札金額ヲ超ヘス及條件ヲ變更スルコトヲ得ス

五　工事ニ對シ金員物件等ヲ寄附シ且直接關係ヲ有スル者ニ請負ハシムルトキ

財務ニ關スル書式（其十七）

六　特殊團體ニシテ工事ノ請負ヲ爲ストキ
第二條　左ノ各號ノ一ニ該當スル者ハ工事請負ノ競爭ニ參加スルコトヲ得ス
一　破產ノ宣告ヲ受ケ復權セサル者
二　禁治產者又ハ準禁治產者
三　成年ノ男子ニアラサル者
四　禁錮一年以上ノ刑ノ宣告ヲ受ケタルトキヨリ其執行ヲ終リ若クハ其執行ヲ受クルコトナキニ至リタル後滿一ケ年ヲ經過セサル者
五　第十一條ニ依リ入札又ハ落札ヲ取消シタル日ヨリ滿一ケ年ヲ經過セサル者
六　第十六條ニ依リ請負契約ヲ解除シタル日ヨリ滿三ケ年ヲ經過セサル者
七　第二十一條ニ依リ工事ノ改造ヲ命シタル日ヨリ滿二ケ年ヲ經過セサル者
第三條　工事ノ性質其他ニ依リ必要ト認メタル場合ニ於テハ競爭者ノ資格ヲ定メ又ハ特ニ指名競爭ニ附スルコトヲ得
第四條　左ノ各號ノ一ニ該當スル入札ハ無効トス
一　二名以上連名シテ入札シタルモノ
二　文字訂正ノ廉及氏名下ニ捺印ナキモノ
三　計算ニ相違アルモノ
四　入札保證物ノ種類、價格第五條及第六條ニ適合セサルモノ

五　記載事項ノ判明ナラサルモノ
六　入札者共謀其他不正行爲アリト認ムルモノ
七　本町工事請負規程ノ資格ニ適合セサル者ノ入札
第五條　工事請負ノ競爭ニ加ハラントシ又契約ヲ結ハントスル者ハ左ノ制限ニ依リ其金額ニ相當スル保證物ヲ提供スヘシ
一　競爭ニ加ハラントスル者ハ其入札價格ノ百分ノ五以上
二　契約ヲ結ハントスル者ハ請負金高ノ千分ノ一以上
隨意契約ノ場合ニ於テハ前項第二號ノ保證物ヲ輕減又ハ免除スルコトアルヘシ但第一條第四號ノ場合ハ此限ニアラス
第六條　提供スル保證物ハ左ニ揭クル種類ノモノニ限ル但金錢ハ郵便爲替、收入役預金證書（町又ハ市、村金庫預證書）若クハ銀行手形ヲ以テ提供スルコトヲ得
一　金錢
二　國債證券　地方債證券　勸業債券　貯蓄債券　農工債券　但無記名ノモノニ限ル
前項證券及債券ノ價格ハ町（又ハ村）長之ヲ定ム
第七條　工事ノ請負ヲ競爭ニ付スルトキハ其價格ヲ豫定シ封書トシテ開札ノ場所ニ置クモノトス
第八條　入札ハ豫定價格以內ニ於テ最低ノモノヲ以テ落札トス但落札人ニ不正ノ行爲アリト認ムルトキハ其落札ヲ取消スコトアルヘシ

第九條　落札ト爲ルヘキ同價ノ入札ヲ爲シタルモノ二人以上アルトキハ其同價ノ入札人ヲシテ再度ノ入札ヲ爲サシム再度ノ入札猶ホ同價ナルトキハ抽籤ヲ以テ落札人ヲ定ム
前項再入札ノ價格ハ前入札價格以下タルコトヲ要ス
第十條　入札ニシテ豫定價格以内ノモノナキトキハ再度ノ入札ニ付ス
第十一條　左ニ掲クル場合ニ於テハ其入札又ハ落札ヲ取消シ其入札保證物ハ町(又ハ市、村)ノ所得トス
一　第二條及第十二條ノ規定ニ違背シタルトキ
二　入札ヲ差出シタル後其入札ヲ取消シ又ハ變更ヲ要求シタルトキ
三　落札者契約締結前其取消ヲ要求シタルトキ
第十二條　競爭入札ノ落札者ハ落札決定ノ通知ヲ受ケタル日ヨリ五日以内ニ別記樣式ノ契約證書ニ左ノ書類ヲ添ヘ町(又ハ市、村)長ニ差出シ契約ヲ締結スヘシ
一　第二條第一號乃至第七號ニ該當セサルコトヲ證明スヘキ市町村長ノ證明書
第十三條　競爭入札ノ落札者契約ヲ締結セサルトキ若クハ落札ヲ取消シタルトキハ更ニ競爭ヲ行フ但從ノ入札ニシテ豫定價格ノ制限以内ノモノアルトキハ直ニ其次ノ入札者ト契約ヲ締結スルコトヲ得
第十四條　落札者ノ入札保證物ハ契約締結ノ後其他ノ保證物ハ開札ノ後契約保證物ハ義務履行ノ後之ヲ還付ス但必要ト認ムル場合ニ於テハ義務履行ノ後一定ノ期間保證物ヲ留置キ擔保ノ責ニ

任セシムルコトアルヘシ

第十五條　工事ハ特ニ期間ヲ定メタルモノノ外契約證書ヲ差出シタル日ヨリ五日以内ニ著手スルモノトス

第十六條　工事請負ノ契約者契約ノ解除ヲ要求シタルトキ又ハ契約期間内ニ其義務ヲ履行セサルトキハ契約ヲ解除ス但義務履行ノ遲滯カ故意ニ原因セサル限リ遲滯ノ日數一日ニ付キ請負金高千分ノ五ニ相當スル違約金ヲ請負金高ヨリ減額シ延期スルコトアルヘシ

前項ノ規定ハ義務履行ノ遲滯カ不可抗力ニ原因スル場合ニハ適用セス

第十七條　前條ニ依リ契約ヲ解除シタルトキハ契約保證物ハ町（又ハ市、村）ノ所得トス

第十八條　請負契約ヲ解除シタル場合ニ於テモ工事着手後ニ係ルモノハ町（又ハ市、村）長ニ於テ既濟工事ノ價格ヲ査定シ代金ヲ交附スルコトアルヘシ

前項ノ場合ニ於テ使用未濟若クハ運搬中ノ材料アルトキハ請負人ノ請求ニ依リ指定ノ場所ニ搬入セシメ檢査合格ノモノニ限リ町（又ハ市、村）長ニ於テ其價格ヲ査定シ代金ヲ交附スルコトアルヘシ

第十九條　非常變災ニ遭遇シ工事ノ既濟部分若クハ檢査濟ノ材料亡失毀損シタルトキハ其情況ニ依リ補償金ヲ交付スルコトアルヘシ

第二十條　工事ニ要スル材料ハ總テ主務吏員ノ檢査ヲ經タルモノニアラサレハ之ヲ使用スルコトヲ得ス

檢査ノ結果不合格ト爲リタル材料ハ工場又ハ其附近ニ留置クコトヲ得ス
材料ハ豫メ見本ヲ差出サシムルコトアルヘシ但其費用ハ請負人ノ負擔トス
第二十一條　工事ノ構造所定ノ設計ニ背キタルモノアリト認ムルトキハ之ヲ改造セシム
第二十二條　工事竣工シタルトキハ請負人ハ遲滯ナク其旨ヲ屆出ツヘシ
前項ノ屆出アリタルトキハ竣工檢査ヲ執行ス其期日ハ豫メ之ヲ請負人ニ通知ス
前項檢査ヲ爲ストキハ請負人出場スヘシ
第二十三條　工事竣工檢査ヲ完了シタルトキハ檢査證ヲ請負人ニ交付ス
前項檢査證ノ交付ヲ以テ請負人ヨリ町（又ハ市、村）ニ對シ工事ノ引渡ヲ了シタルモノト看做ス
第二十四條　竣工檢査ニ當リ必要ト認ムルトキハ請負人ヲシテ工事ノ幾分ヲ取毀サシメルコトアルヘシ此場合ニ於テ取毀サシメタル部分ハ期日ヲ定メ之ヲ復舊セシメ其費用ハ請負人ノ負擔トス
第二十五條　工事請負金ハ工事ノ引渡ヲ了シタル後ニアラサレハ支拂ヲ爲ササルモノトス但別段ノ契約アルモノ及第二項ニ該當スルモノハ此限ニ在ラス
請負金高參百圓以上ナルトキハ出來高ヲ檢査シ其出來高ニ對スル百分ノ八十以內ノ金額ヲ內渡スルコトアルヘシ但建物及橋梁ノ工事ハ檢査濟ノ材料ニ限リ出來高ニ算入ス
第二十六條　工事用材料若クハ職工人夫ノ供給又ハ材料運搬等ノ請負ニ關シテハ前各條ノ例ニ依

工事請負契約書

何々川改修工事（又ハ何々工事）

請　負　金　高

一　金何千圓也

此請負保證物何程

但現金（又ハ何々公債證書額面何程番號）

工事着手期日　何年何月何日

工事竣工期日　何年何月何日

右金額ヲ以テ前記ノ通請負契約ヲ締結ス就テハ何町（又ハ市、村）工事請負規程ヲ遵守シ本工事ニ關スル設計書及仕様書ノ通工事ヲ施工シ無相違義務ヲ盡スヘシ依テ本契約證書貳通ヲ作リ當事者雙方ニ於テ各壹通ヲ所持ス

何年何月何日

何　町（又ハ市、村）長　何　某㊞

何市郡町村何番地　請負人　何　某㊞

其十八

市町村《しちやうそん》より補助《ほじよ》を受《う》けて修學《しうがく》せんとする者《もの》は本規程《ほんきてい》に依《よ》り其市町村長宛《そのしちやうそんちやうあて》に願出《ねがひいで》るものであるが本規程《ほんきてい》は市制第《しせいだい》百十五條《でう》、町村制第《ちやうそんせいだい》九十五條《でう》の規定《きてい》に準據《じゆんきよ》して市町村《しちやうそん》に於《おい》て作製《さくせい》すべき規程《きてい》である。

市町村教育資金補助規程

第一條　本規程ハ教育ヲ奬勵シ人材ヲ養成スル目的ヲ以テ高等小學教育ヲ修了シ其成績優良ナルモノニシテ中等程度以上ノ各種學校ヘ入學セントスル者ニ對シ豫算ノ定ムル所ニ依リ在學中町（又ハ市、村）費ヲ以テ學資ヲ補助ス

第二條　補助ヲ受ケントスル者ハ本町（又ハ市、村）ニ籍ヲ有スル者ノ子弟ニ限ル

第三條　補助ノ方法ハ中學校以上ノ各種學校ヘ入學スルモノニシテ學資ニ耐ヘスト認ムルモノニ對シテ學資ノ半額以內ヲ補助スルモノトス但補助金額ハ町（又ハ市、村）長之ヲ定ム

第四條　一家二人以上ノ入學者ニ對シテ學資ヲ補助スル場合ト雖モ總テ前條ノ規定ニ依ル

第五條　學資ノ補助ヲ受クルモノニシテ左ノ各項ニ該當スルトキハ其補助ヲ取消シ又ハ既ニ交付セル補助金ノ全額若クハ一部ヲ償還セシムルモノトス

一　罰則ニ觸レ退學停學ノ處分ヲ受ケタルモノ
二　故ナク一箇月以上缺席シタルモノ
三　成績不良ニシテ成業ノ目的ナキモノ
四　自己ノ便宜ニ依リ中途退學セシモノ
五　承諾ヲ經スシテ目的ヲ變更セシモノ
六　學資被補助者タルノ身分ヲ忘レ奢侈ニ流レ怠惰ノ實證判然タル行アリタル場合

第六條　本規定ニ依リ補助ヲ受ケントスル者ハ願書ヲ町（又ハ市、村）長ニ差出スヘシ

第七條　補助スヘキ人員金額及願書提出ノ期間ハ別ニ之ヲ告示ス

其十九

非常災害《ひじやうさいがい》に因《よ》る土地《とち》物件《ぶつけん》使用《しよう》收用《しうよう》補償金額《ほしやうきんがく》の協議調《けふぎとゝの》はざる時《とき》は市町村長《しちやうそんちやう》より府縣知事《ふけんちじ》に其決定《そのけつてい》を申請《しんせい》する事《こと》になつて居《ゐ》る其《そ》の例《れい》。本例《ほんれい》は市制第《しせいだい》百二十六條《でう》、町村制第《ちやうそんせいだい》百六條《でう》の規定《きてい》に準據《じゆんきよ》すべきものである。

非常災害ニ因ル土地物件使用（收用）補償額決定申請

何市町村長　何　某

何府縣何郡市區町村大字何々何番地

土地(又ハ物件)所有者　何　某

右何町(又ハ市、村)長ハ何年何月何日何々ノ非常災害ニ際シ何々ノ爲メ右土地所有者何某ノ土地何々(又ハ物件何々)ヲ使用(又ハ收用)スルノ必要ヲ認メ町村制第百六條ニ依リ之カ使用ヲ爲シタルニ依リ其損失補償トシテ金何圓ヲ右何某ト協議ヲ爲シタル處、右何某ハ何々ノ理由ヲ以テ夫レヲ不當トシ金何圓ヲ請求シタリ、然レトモ右ハ何々ノ理由ニ因リ之ヲ不相當ト認ムルモ右何某ト協議調ハサルヲ以テ右補償金額決定相成度町村制第百六條第三項ニ依リ別紙何々ヲ添付シ申請候也

年　月　日　右　何市町村長　何　某　㊞

何府縣知事　何　某　殿

本規程《ほんきてい》の申請者《しんせいしや》は町村制《ちやうそんせい》に明文《めいぶん》なき爲《た》め損失《そんしつ》を受《う》けたる者《もの》より此《こ》の申請《しんせい》を爲《な》すものとの説《せつ》あるも、其市町村長《そのしちやうそんちやう》及《および》被損失者《ひそんしつしや》の何《いづ》れよりも本申請《ほんしんせい》を爲《な》し得《う》るものと解《かい》して本例《ほんれい》を示《しめ》したり、依《よ》つて被損失者《ひそんしつしや》より申請《しんせい》する場合《ばあひ》は本例《ほんれい》を參酌《さんしやく》して之《これ》に準《じゆん》ずべし。

其二十

非常災害ニ因ル土地物件使用（又ハ收用）補償決定ニ對スル訴願ノ例

其《その》十九に示《しめ》したる申請《しんせい》に對《たい》する知事《ちじ》の決定《けつてい》に對《たい》して尙異議《なほいぎ》ある場合《ばあひ》は之《これ》を內務大臣《ないむだいじん》に上訴《じやうそ》し其《その》決定《けつてい》を申請《しんせい》する事《こと》が出來《でき》るが普通《ふつう》の場合《ばあひ》は概《おほむ》ね知事《ちじ》の決定《けつてい》に依《よ》りて協調《けふてう》なる場合《ばあひ》が多《おほ》き爲《た》め本書《ほんしよ》には本申請《ほんしんせい》の採錄《さいろく》を止《と》めたり。

其二十一

市町村制《しちやうそんせい》其他《そのた》市町村《しちやうそん》收入《しうにふ》の督促手數料《とくそくてすうれう》に關《くわん》する條例《でうれい》の例《れい》。本條例《ほんでうれい》は市制《しせい》第《だい》百三十一條《でう》、町村制《ちやうそんせい》第《だい》百十一條《でう》の規定《きてい》に準據《じゆんきよ》して作《つく》らるべきものである。

市町村督促手數料條例

第一條　町村制第百十一條（又ハ市制第百三十一條）ニ依リ本町（又ハ村）（又ハ本市）ニ於テ徵收スル町村會其他ノ收入ヲ定期內ニ納メサル者アルトキハ町村長ハ本條例ノ規定ニ依リ之ヲ督促シ及其手數料ヲ徵收ス

第二條　本町（又ハ村、市）ニ於テ徴收スル町税（又ハ村、市）其他ノ收入ヲ納入期日内ニ納付セサルトキハ町（又ハ村）長ハ何日内ノ期間ヲ附シ其納付スヘキコトヲ納入義務者ニ督促スヘシ

第三條　督促ヲ爲ストキハ賦課令狀又ハ納税額告知書一通毎ニ督促手數料若クハ督促手數料及增手數料ヲ附記シタル督促令狀ヲ發スルモノトス

第四條　督促狀ヲ發シタルトキハ其一通毎ニ金何錢ノ手數料ヲ徴收ス但督促手數料ノ額カ滯納金額ヨリ多キトキハ其滯納金額ト同額ノ金額（又ハ金何錢）ヲ徴收ス

一　督促狀ヲ發スルニ脚夫ヲ以テシタルトキハ其里數ニ應シテ之ヲ徴收ス但一里迄毎ニ金何錢ヲ超ユルコトヲ得ス

二　郵便ヲ以テシタルトキハ其實費（又ハ金何錢）

第六條　督促手數料及增手數料ハ滯納金額ト同時ニ徴收ス

第七條　納入義務者ノ所在知レサルトキ又ハ督促狀ノ受領ヲ拒ミタルトキハ本町（又ハ市村）掲示場ニ督促狀ヲ何日間公告スルヲ以テ其送達ヲ爲シタルモノト看做ス

其二十二

市町村《しちやうそん》に於《お》いて市町村債《しちやうそんさい》を起《おこ》さんとする時《とき》の市町村會議決書記載《しちやうそんくわいぎけつしよきさい》の例《れい》。本例《ほんれい》は市制第《しせいだい》百三十二

條《でう》、町村制《ちやうそんせい》第《だい》百十二條《でう》の規定《きてい》に準據《じゆんきよ》して記載《きさい》すべきものである。本例《ほんれい》は內務省通牒《ないむしやうつうてふ》地方《ちはう》貸付《かしつけ》資金《しきん》に依《よ》る起債決議書《きさいけつぎしよ》記載方法《きさいはうはふ》に準《じゆん》じて作《つく》りたるものであるが、市制及町村制《しせいおよびちやうそんせい》の各々《おのおの》の規定《きてい》にも適用《てきよう》して不可《ふか》なきものであるから採錄《さいろく》したものである。

市町村起債決議書

某郡市町村會議決書

何市町村起債及償還方法

一 起債金額　金何萬何千何百圓也

一 起債ノ目的　河川改修費及道路工事費ニ充當スル爲（又ハ何年何月何日ノ許可ニ依ル何々銀行ヨリ借入レタル市町村債ノ未償還額金何圓借替ノ爲）

一 借入金利率　年五步三厘（又ハ何步何厘）

一 借入先　何々銀行（又ハ何々資金、又ハ何々）

一 借入時期　何年度（但借入期日ハ債權者ト協定スルコト）

一 据置期間　借入ノ月ヨリ何年何月マテノ何ケ年間（又ハ何年度）

一 償還期間　自何年何月何日至何年何月何日ノ何年賦（但每年度ノ償還期日ハ債權者ト協定スルモノトス）

市町村財政ノ都合ニ依リ繰上ケ償還ヲ爲シ償還年限ヲ短縮シ又ハ低利債ニ借替ヲ爲スコトヲ得

一　償還財源　市町村税（又ハ何々）（又ハ特定ノ財源アルトキハ其記載ヲ要ス）

右何年何月何日議決ス

其二十三

公債《こうさい》の募集《ぼしふ》又《また》は其償還《そのしやうくわん》方法等《はうはふとう》に關《くわん》する議決《ぎけつ》又《また》は其條例《そのでうれい》の標準《へうじゆん》の條例《でうれい》。本條例《ほんでうれい》は市制第《しせいだい》百三十二條及《でうおよび》町村制第《ちやうそんせいだい》百十二條《でう》、內務省通牒《ないむしやうつうてふ》に準《じゆん》じて作《つく》るべきものである。

公債募集及償還方法等議決（又ハ條例）

第一條　何年度何々事業（又ハ何費充當ノ爲メ起シタル舊債ノ整理）ニ充當スル爲メ金何萬圓ヲ起債スルモノトス

前項ノ公債ハ何年度ニ於テ一時ニ之ヲ募集スルモノトシ（又ハ何年度ニ金何圓、何年度ニ金何圓ヲ募集スルモノトシ）確實ナル銀行ヲシテ之ヲ引受ケシム

第二條　本公債ニ對シテ發行スル證書ハ無記名（又ハ記名）利札附ニシテ何圓、何圓ノ何種トシ

其様式ハ別ニ之ヲ定ム

第三條　募集金額ハ引受銀行又ハ其ノ代理店ニ於テ前條證書ト引換ユルモノトス

第四條　本公債利子ノ割合ハ一ケ年百分ノ六、五以内トシ毎年六月、十二月ニ於テ前六ケ月分ヲ支拂フモノトス

但募集ノ月ニ於テハ證書發行ノ日ヨリ償還ノ月ニ於テハ額面金額支拂ノ日マテ日割ヲ以テ利子ヲ支拂フモノトス

第五條　本公債ハ其元金ハ何年度マテ据置キ何年度ヨリ何年度ニ至ル何年度間ニ於テ左ノ通償還スルモノトス

何年度金何圓　何年度金何圓　何年度金何圓

……………　……………　……………

募集金額減少スルトキハ前項年割償還額ヲ減少ス

府縣（郡市其他）財政ノ都合ニ依リ前二項年割額以上ノ償還ヲ爲シ若クハ其年限ヲ短縮スルコトアルヘシ

元金ノ償還ハ毎年十二月ニ於テ（又ハ毎年六月、十二月ニ於テ一ケ年度償還額ノ二分ノ一ツツヲ）支拂フモノトス

第六條　本公債ノ元金及利子ハ一般ノ歳入ヲ以テ之ヲ支辨ス

第七條　本公債ノ元利金ハ證書又ハ利札引換ニ支拂フモノトス

財務ニ關スル書式（其二十三）

第八條　本公債證書若クハ利札水火災等ニ由リ消滅シタルトキハ府縣知事（又ハ市町村長）ニ屆出テ代證書若クハ代利札ノ交付ヲ請求スルコトヲ得此場合ニ於テ府縣知事（又ハ市町村長）ハ其消滅ノ證跡明確ナリト認ムルトキハ直チニ代證書若クハ代利札ヲ交付スヘシ

第九條　本公債證書又ハ利札ヲ紛失シタルトキハ其旨府縣知事（若クハ町村長）ニ屆出ツヘシ其發見ノトキ亦同シ

前項紛失ノ屆出アリタルトキハ之ヲ公告シ滿一ケ年ヲ經テ代證書又ハ代利札ヲ交付ス

但故障ノ申立アリタルトキハ裁判所ノ確定判決アルニアラアラサレハ交付セス

代證書又ハ代利札交付ニ關スル一切ノ費用ハ紛失者ノ負擔トス

第十條　本公債證書又ハ利札ヲ汚染損毀シタルトキハ代證書又ハ代利札ヲ請求スルコトヲ得

前項ノ場合ニ於テ其眞贋判別シ難キモノハ紛失證書ノ例ニ準シ汚染毀損ノ證跡明確ナルモノハ代證書又ハ代利札ヲ交付ス但其費用ニ關シテハ第九條ノ例ニ依ル

第十一條　前三條ノ場合ニ於テハ代證書又ハ代利札ヲ交付シタルトキハ前ノ證書又ハ利札ハ無効トス

何年何月何日議決

以上《いじやう》は無《む》記名證書《きめいしようしよ》を發行《はつかう》する場合《ばあひ》の條例《でうれい》であるが若《も》し記名證書《きめいしようしよ》を發行《はつかう》せんとする場合《ばあひ》は前記《ぜんき》第《だい》

七條《でう》以下《いか》に左《さ》の三條《でう》を加《くは》へ前記《ぜんき》第《だい》八條《でう》を第《だい》十一條《でう》に變更《へんかう》して以下《いか》順次繰下《じゆんじくりさ》げれば宜《よ》い。

第八條　記名證書ノ賣買讓渡ヲ爲シタルモノハ双方連署ノ請求書ニ證書ヲ添ヘ記名換ヲ請フ可シ

第九條　記名證書ヲ相續シタルトキハ其相續人ハ請求書ニ戸籍謄本ヲ添ヘ記名換ノ手續ヲ爲スヘシ但隱居若クハ女戸主ノ入夫婚姻ニ依リ相續シタルトキハ本文請求書ニ前戸主ノ連署アルヲ要ス

第十條　記名證書所有者ノ遺言ニ依リ相續ニ非スシテ證書ヲ讓リ受ケタルトキハ其相續人ヲ以テ保證人ト爲シ記名換ノ手續ヲ爲スヘシ但相續人ナキ場合ニ於テハ前所有者ノ親族二名以上ヲ以テ保證人ト爲スヘシ

其二十四

市町村《しちやうそん》に於《お》ける出納《すゐたふ》の檢査《けんさ》に關《くわん》する規程《きてい》の例《れい》。本規程《ほんきてい》は市制第《しせいだい》百四十一條《でう》、町村制第《ちやうそんせいだい》百二十一條《でう》の規定《きてい》に準《じゆん》じて作《つく》るべきものである。

市町村出納規程

第一條　町村制第百二十一條（又ハ市制第百四十一條）ニ依リ行フ出納檢査ハ市町村財務取扱手

續ノ規定ニ依ルノ外本規程ノ定ムル所ニ依ル

第二條　定期檢査ハ毎月一日、臨時檢査ハ毎會計年度二回之ヲ行フ但定期檢査日休日ニ當ルトキハ之ヲ順延ス

第三條　臨時檢査ヲ行フトキハ其期日ヨリ少クモ三日前立會議員ニ通知スルモノトス但急施ヲ要スル場合ニ於テハ本條ノ期日ヲ短縮スルコトヲ得

第四條　臨時檢査ニ立會スヘキ議員ノ數ハ四人トシ一會計年度毎ニ之ヲ改選ス但缺員ヲ生シタルトキハ次ノ町（又ハ村）會ニ於テ補闕選擧ス

附　則

本規程ハ發布ノ日ヨリ之ヲ施行ス

市町村ノ一部ノ事務ニ關スル書式

其　一

同《どう》一市町村《しちやうそん》に於《お》て土地《と》廣汎《ちくわうはん》又《また》は事務《じむ》複雜《ふくざつ》なる爲《た》めに區會《くくわい》を設置《せつち》する爲《た》めの許可稟請書《きよかりんせいしよ》の例《れい》。本例《ほんれい》は市制第《しせいだい》百四十五條《でう》、町村制第《ちやうそんせいだい》百二十五條《でう》の規定《きてい》に準據《じゆんきよ》して作《つく》るべきもので之《これ》を府縣知事《ふけんちじ》に爲《な》すべきものである。

區會設置町村條例設定許可稟請書

區會ヲ設置セラルヘキ區ノ名稱

何町村內　何　々

區會設置ヲ必要トスル理由

右本町村內字何々ハ本町村ノ最何部ニ位シ東南ハ何山ヲ繞シ西ハ何川ヲ以テ何々ニ接シ北ハ數丁ノ田圃ヲ距テ何々ト界シ東西何程、南北何里、戶數何戶、人口何程ヲ有シ有形上ニ於テモ明ニ其區域ヲ存シ全ク別個ノ部落タリ、故ニ何年本町村內ノ行政區ヲ設置スル場合ニ於テ何區トシ全ク此一區域ヲ以テ一區トセリ、而シテ既ニ有形上ニ於テモ斯ノ如キヲ以テ右一區限リ特別ニ財產ヲ有スルモノ尠カラス即チ別紙附屬書ノ如ク山林、營造物何々及積立金額何々ヲ有セリ、然ルニ右何區ニ於テハ未タ區會ノ設ケナキヲ以テ是等ノ財產ニ關シ區ノ意思ヲ表示スルノ特別ノ機關ナク之ヲ必要トスル場合ニハ一ニ町村會ニ於テ之ヲ決シ來レリ、然カモ右財產ニ關シ區ノ意思表示ヲ必要トスルコト甚タ多ク之ヲ從來ノ實例ニ徵スルニ一年平均何回ニシテ之カ爲メノミニ町村會ノ招集ヲ爲シタルコト尠カラス斯ノ如クンハ一區ニ特別ナル事件ノ爲ニ全町村ノ代議機關ノ招集ヲ要シ事件ノ取扱上ニ於テモ其不便甚タ尠カラサルノミナラス財務上ニ於テモ亦得策ト爲スニ難シ、是ニ於テ右何區ノ財產及營造物ノ事務ニ關シテハ特ニ區會ヲ設ケテ以テ其意思ヲ表示セシメントノ議ハ單ニ右何區ノミナラス全町村一般ノ唱フル所ト爲リ、而シテ當町村會ノ亦最モ適當ト

是認スル所ニ有之
以上開陳セル事由ナルニ因リ右何區ニ區會設置ノ町村條例設定相成度、別紙右何町ニ關スル狀況及財産竝營造物ノ狀況調査書及區會條例參考案相添ヘ本町村會ノ議決ニ因リ此段稟請候也

年　月　日

何町村長　何　某　㊞

何府縣知事　何　某　殿

其二

區會設置《くくわいせつち》の市町村條例《しちやうそんでうれい》の例《れい》。市制第《しせいだい》百四十五條《でう》、町村制第《ちやうそんせいだい》百二十五條《でう》及《およ》び內務省通牒《ないむしやうつうてふ》に準據《じゆんきよ》して作成《さくせい》すべきものである。

市町村區會條例

第一條　町村制第二百十五條ニ依リ所有財産（營造物）ニ關シ大字何々ニ區會ヲ設ク
第二條　區會議員ノ定數ハ何人トス
第三條　區會議員ノ任期ハ四年トシ總選擧ノ日ヨリ之ヲ起算ス
補闕議員ハ前任者ノ殘任期間在任ス
第四條　區內ニ住所ヲ有スル町（村）公民ニシテ其區ニ於テ直接町村稅ヲ納ムル者ハ總テ選擧權

ヲ有ス但公民權停止ノ者又ハ町村制第九條第三項ノ場合ニ當ルモノハ此限ニ在ラス
帝國臣民ニシテ區ニ於テ直接町（村）税ヲ納ムルモノ其額區內ニ住所ヲ有スル町（村）公民ノ其ノ區ニ於テ最モ多ク納税スルモノ三人中ノ一人ヨリモ多キトキハ前項ノ要件ニ當ラスト雖モ選擧權ヲ有ス但六年ノ懲役又ハ禁錮以上ノ刑ニ處セラレタルモノ及公民權停止ノ條件又ハ町村制第九條第三項ノ場合ニ當ル者ハ此限ニ在ラス
法人ニ關シテモ亦前項ノ例ニ依ル
前二項ノ直接町（村）税ノ納額ハ選擧人名簿調製期日ノ屬スル會計年度ノ前年度ノ賦課額ニ依ル

第五條　區內ニ住所ヲ有シ其區ニ於テ直接町（村）税ヲ納ムル者ニシテ町村會議員ノ被選擧權ヲ有スル者ハ被選擧權ヲ有ス
區ニ對シ請負ヲ爲ス者及其支配人ハ被選擧權ヲ有セス

第六條　町村制第十五條中町村會議員ノ在職失職ニ關スル規定ハ區會議員ニ之ヲ準用ス

附　則

第七條　舊刑法ノ重罪ノ刑ニ處セラレタル者ハ第四條ノ適用ニ付テハ六年ノ懲役又ハ禁錮以上ノ刑ニ處セラレタル者ト看做ス但復權ヲ得タル者ハ此ノ限リニ在ス

市町村組合ニ關スル書式

其一

市町村《しちやうそん》の事務《じむ》を共同《きようどう》にて處理《しより》する爲《た》め、協議《けふぎ》に因《よ》り町村組合《ちやうそんくみあひ》を設置《せつち》する爲《た》めの許可稟請書《きよかりんせいしよ》の例《れい》

本例《ほんれい》は市制第《しせいだい》百四十九條以下《でういか》、町村制第《ちやうそんせいだい》百二十九條以下《でういか》に準據《じゆんきよ》すべきものである。

町村組合ヲ設置スル許可稟請書

組合設置ノ町村

何郡何町村

何郡何町村

共同處理スヘキ事務

稻田害蟲驅除（又ハ何々）

何々

組合設置ヲ要スル理由

右何郡何町村及何町村ハ共ニ其境ヲ接シ稻田相連リ一望一村ノ稻田ノ如ク唯タ行政上其區畫アルニ過キス、然ルニ稻田ノ害蟲ハ近年頻リニ繁殖シ爲メニ稻田ノ害ヲ被ムルコト甚タ尠カラス、故

ニ之カ豫防ノ策ヲ講シ且其驅除ニ備フルハ實ニ必要ノ計ニシテ右兩村ノ如キ極力以テ其方法ヲ講シ來レリ、然レトモ右兩村ノ如ク一見一村ノ稻田ノ如ク境ヲ接シテ相連レト場所ニ於テハ一村ニシテ豫防驅除ニ力ムルモ他ノ一村ニシテ之ヲ顧ミサルトキハ到底其效ヲ奏セサルノミナラス、其豫防驅除ノ方法ノ如キ亦一轍ニ出テサル可カラス、之ヲ要スルニ豫防、驅除ノ目的完全ニ行ハレンカ爲メニハ兩村相一致シ共同以テ之ヲ力行スルヨリ外ナシ、是ニ於テ右兩村共右事務ヲ共同處辨スル爲メ兩村ノ組合ヲ組織スヘキ議ヲ決シ別紙ノ如ク組合規約ヲ規定セリ（又ハ何々）右ノ理由ニ因リ稻田害蟲豫防及驅除（又ハ何々）事務ノ爲メ何町村及何町村ト町村組合ヲ設置スルノ儀許可相成度、別紙右兩町村ノ協議ニ成レル町村組合規約相添ヘ各町村會ノ議決ニ基キ町村制第百三十一條ニ依リ稟請候也

年　月　日

何町村長　何　某　㊞

何町村長　何　某　㊞

何府縣知事　何　某　殿

（注意）本例ハ最モ解シ易キ爲メ害蟲驅除ノ爲メ組合ヲ設クル例ヲ示シタルモ其組合ヲ設ケントスル各事項ニ基キ宜キニ從テ之ヲ記スヘク、市町村ノ全部事務ニ付キ組合ヲ設クル場合ニ於テハ其必要ナル所以ヲ詳記スヘシ

其　二

市町村《しちやうそん》組合《くみあひ》設置《せつち》許可《きよか》を得《う》れば市町村《しちやうそん》組合《くみあひ》規約《きやく》の必要《ひつえう》がある、その例《れい》。

本規約《ほんきやく》は市制第《しせいだい》百五十一條《でう》、第《だい》百五十二條《でう》、町村制第《ちやうそんせいだい》百三十一條《でう》及《およ》び第《だい》百三十二條《でう》に準據《じゆんきよ》すべきものである。

町村組合規約

第一章　總則

第一條　本組合ハ何町（村）何町（村）何々組合ト稱シ左ノ町村ヲ以テ之ヲ組織ス

　何町（村）　何町（村）　何町（村）

第二條　本組合ハ何町（村）及何町（村）ニ屬スル何々ノ（左ノ）事務ヲ共同處置スルモノトス

（一、、、、、）

（二、、、、、）

第三條　本組合ノ役場ハ何郡何町（村）役場内ニ之ヲ置ク

第二章　組合會組織及組合會議員ノ選擧

第四條　組合會議員ノ定數ハ何名トシ左ノ區別ニ依リ各町村會ニ於テ其町村會議員（其町村公民

選擧權ヲ有スル者）（其町村會議員及町村公民中選擧權ヲ有スル者）ヨリ之ヲ選擧ス

何町村　何　人

何町村　何　人

何町村　何　人

第五條　組合會議員ノ任期ハ町村會議員ノ任期ニ從フ（組合會議員ノ任期ハ四箇年トス）（組合會議員ノ任期ハ町村會議員ヨリ選擧セラレタルモノハ其任期ニ從ヒ公民中選擧權ヲ有スル者ヨリ選擧セラレタルモノハ四箇年トス）組合會議員ニシテ資格ノ要件ヲ失ヒタルモノハ當然其職ヲ失フ

組合會議員闕員ヲ生シタルトキハ其闕員ノ屬スル町村ノ町村會ニ於テ補闕選擧ヲ行フ

補闕選擧ニ依リ就任シタル組合會議員ノ任期ハ前任者ノ殘任期間トス（本項ハ公民中ヨリ選擧スル場合ニ限リ規定スヘキモノトス）

第六條　組合會議員ノ選擧ヲ行フトキハ組合長ハ之ヲ關係町村長ニ通知スヘシ

第七條　前條ノ通知アリクルトキハ關係町村長ハ町村會ヲ招集シ町村制第五十一條ノ例ニ依リ選擧ヲ行ハシムヘシ

第八條　組合會議員ノ選擧ヲ終リ當選者定マリタルトキハ町村長ハ直ニ當選ノ旨ヲ告知シ且當選者ノ住所氏名竝生年月日ヲ組合長ニ報告スヘシ

第九條　組合會議員ノ當選ヲ辭シタル者アルトキハ更ニ選擧ヲ行フ

第三章　組合吏員ノ組織及選任

第十條　本組合ニ左ノ吏員ヲ置ク
組合長　一人
助役　一人
收入役　一人
書記　何人
組合長及助役ハ名譽職トシ收入役及書記ハ有給吏員トス
第十一條　組合長ハ組合會ニ於テ組合內ノ町村長ヨリ之ヲ選擧ス（何々町村長ヲ以テ之ニ充ツ）
組合長ノ任期ハ町村長ノ任期ニ從フ
組合長ニシテ任期中町村長ノ職ヲ退キタルトキハ當然組合長タル職ヲ失フ
第十二條　助役及收入役ハ組合長タル町村長ノ屬スル町村ノ助役收入役ヲ以テ之ニ充ツ
第十三條　書記ハ組合長之ヲ任免ス
第十四條　本組合ハ組合會ノ議決ニ依リ臨時又ハ常設委員ヲ置クコトヲ得
委員長ハ名譽職トシ組合會ニ於テ組合會議員又ハ組合內町村公民中選擧權ヲ有スル者ヨリ之ヲ選擧ス

第四章　組合費用ノ支辨方法

第十五條　組合ニ關スル費用ハ財產ヨリ生スル收入及其他ノ收入ヲ以テ支辨スルノ外左ノ區別ニ

依リ之ヲ分賦ス（組合內各町村平等ニ分賦ス）（組合內各町村ノ戶數（地價）（反別）ニ應シテ之ヲ分賦ス）其金額ハ每年豫算ノ定ムルニ依ル

何町（村）　何分　　何町（村）　何分　　何町（村）　何分

市町村ノ監督ニ關スル書式

其　一

市町村《しちやうそん》條例《でうれい》設定《せつてい》議決《ぎけつ》許可《きよか》稟請書《りんせいしよ》の例《れい》。本稟請書《ほんりんせいしよ》は市制第《しせいだい》百六十五條《でう》及《および》町村制第《ちやうそんせいだい》百四十五條《でう》に準據《じゆんきよ》すべきものである。

市町村條例設定許可稟請書

稟請者　何府縣何郡市町村長　何　　某

許可ヲ受クヘキ事項

何府縣何郡市町村

町村會議員增員條例案（又ハ何々）

但條例案（又ハ何々）ハ別冊ノ通リ

市町村ノ監督ニ關スル書式（其一）

議決ノ年月日及議決機關

右何々條例案何年何月何日何町村會ニ於テ議決

許可稟請ノ理由

本町村ハ人口何人ニシテ即チ町村制第十一條ニ依リ町村會議員ノ數何人ヲ以テ定員トセル處、何々ノ理由ニ因リ云々即チ何人ヲ增シ何人ト爲スコトハ最モ適當トスル所ニシテ若シ從前ノ人員ヲ以テスルトキハ云々到底權衡ヲ得ルコトヲ得スシテ村治上ニ及ホス影響甚タ尠カラス若クハ何々議員ノ定數ヲ法定ノ人員以外ニ增減スルコトハ可成之ヲ避クヘキヲ以テ方針トセラルルコトハ曾テ訓諭ノ次第モ有之候ヘ共事情右ノ如クニシテ町村一般亦之ヲ希望スルコトハ別紙議事錄ニ徵シ明瞭ニシテ右增員ハ町村代表者一般ノ希望ナルノミナラス亦事情定ニ已ムヲ得サル處ニ有之（又ハ何々）即チ茲ニ町村制ノ規定ニ基キ右議決ノ許可ヲ稟請スル義ニ有之

稟　　請

右町村會議員增員條例（又ハ何々）許可相成度、別紙必要ノ書類相添ヘ町村制第百四十五條ニ依リ稟請候也

添　附　書　類

一　何々條例案議決書（又ハ何々）

一　何々

年　　月　　日

右　何府縣何郡市町村長　何　某　㊞

内務大臣　何　某　殿

（注意）許可禀請書ハ總テ簡單ナランヨリハ可成參考ト爲ルヘキ事實ヲ記シ且參考ト爲ルヘキ書類ヲ添附スヘシ、然ラサレハ徒ニ照會往復ノ爲ニ日時ト無益ノ手數ヲ要シ却テ許可ハ遲延スヘシ、又施行期アルモノハ其前充分ノ日子ノ餘日ヲ見積リ禀請スヘク時期ニ切迫シテ禀請スルコトヲ避クヘシ

其　二

公債募集許可禀請書《こうさいぼしふきよかりんせいしよ》の例《れい》。本禀請書《ほんりんせいしよ》は市制《しせい》第《だい》百六十六條《でう》、第《だい》百三十二條及《でうおよび》町村制《ちやうそんせい》第《だい》百四十六條及第《でうおよだい》百十二條《でう》と明治《めいぢ》二十六年《ねん》十一月《ぐわつ》十八日附内務省訓第《にちづけないむしやうくんだい》六百九十二號《がう》の訓令《くんれい》に準據《じゆんきよ》して書《か》かねばならぬ。

公債募集議決許可禀請書

禀請者　何府縣何郡町村長　何　某

許可ヲ受クヘキ事項

何府縣何町村何々公債金何圓ヲ起債スルコト

但公債募集及償還方法ニ關スル規程ハ別册ノ通（公債募集ニ關スル規定ハ前ニ揭ケタルヲ以テ參看スヘシ）

議決ノ年月日及議決機關

右起債ノ件何年何月何日及何市町村會ニ於テ議決

許可禀請ノ理由

本件許可ノ禀請ヲ爲ス理由ヲ區別シテ左ニ開陳ス

一　起債ヲ必要トスル事由　何々ノ事業ヲ起スノ必要アリ、然カモ其支出ノ爲メ歲入ヲ增加スルトキハ町村住民ノ負擔ニ堪ヘサル等ノ事實、若クハ何費充用ノ爲メ起シタル舊債ヲ整理スル爲メ等ノ事實ヲ詳記ス

二　公債募集ノ方法　公債募集ノ方法ニ關シ詳細ニ說明スヘシ

三　公債償還ノ方法　同上

四　償還ノ財源アルトキハ其關係事項　參考書記載第一項ノ如キ場合ニ於テハ其豫期ヲ說明スル等

（町村會ニ於テ別ニ右等ノ理由ヲ議決シタルモノアルトキハ其旨モ記シテ別紙トシテ添附シ、又本項全部ノ說明モ紙數多キニ渉ルトキハ別册トスルモ可ナリ）

禀　　　　請

右何々公債募集ノ件許可相成度、別紙必要書類相添町村制第百四十六條ニ依リ稟請候也

添附書類

一　公債募集ニ關スル規程議決書
二　同上理由書
三　公債竝利子償還ノ財源及其收入年次見込書
四　公債元利子償還年次表
五　當該年度歳入歳出豫算表
六　當該年度諸税負擔一覽表
七　基本財産ノ有無竝其額調書
八　何々

年　月　日

右　何府縣何郡市町村長　何　某　㊞

內務大臣　何　某　殿
大藏大臣　何　某　殿

其　三

右稟請書《みぎりんせいしよ》に添付《てんぷ》すべき參考書《さんかうしよ》の書式《しよしき》。市制第《しせいだい》百二十六條《でう》、町村制第《ちやうそんせいだい》百六條又《でうまた》は水利組合條例第《すゐりくみあひでうれいだい》四十一條《でう》に依《よ》つて募集《ぼしふ》する公債《こうさい》は法文《はふぶん》にある如《ごと》く市町村又《しちやうそんまた》は水利《すゐり》組合《くみあひ》の財政上特《さいせいじやうとく》に必要《ひつえう》ある場合《ばあひ》に限《かぎ》り其他《そのた》は努《つと》めて之《これ》を避《さ》けなければならないのは勿論《もちろん》であるが、往々《わう〱》必要《ひつえう》でない負債《ふさい》をしたり又《また》は其財政《このさいせい》と照合《てりあは》して過度《くわど》の負債《ふさい》をする様《やう》な事《こと》があつて、將來市町村《しやうらいしちやうそん》の財政上《さいせいじやう》に不都合《ふつがふ》を生《しやう》じる恐《おそ》れが多《おほ》いが爲《た》め、特《とく》に明治《めいぢ》二十六年《ねん》に内務省訓令第《ないむしやうくんれいだい》六百九十二條《でう》が出《いで》たのである。

公債募集議決稟請書ニ添付スヘキ參考書

（市制町村制第百六條）及（水利組合條例第四十一條）ニ依リ募集スル公債ハ法文ノ示ス如ク市町村又ハ水利組合ノ財政上特ニ必要アル場合ニ限リ其他ハ努テ之ヲ避クヘキハ勿論ノ處往々必要ナラサル負債ヲ起サントシ又ハ其財政ニ照シ過度ノ負債ヲ起サントスルモノ有之將來市町村ノ財政上不都合ヲ生スルノ恐レナキ能ハス依テ自今公債募集ノ議決ヲ爲シ許可稟請スルニ當テハ募集及償還ノ方法等ニ就キ精細調査ヲ遂ケ其事業ノ緩急負擔ノ堪否ニ就テハ詳細意見ヲ具陳シ尚ホ調査ノ參照トシテ募集ノ方法、利息ノ定率及償還ノ方法ニ關スル議決書ハ勿論左ノ事項ヲモ無漏記載シ進達スヘキ義ト心得ラルヘシ

一　公債竝利子償還ノ財源

但將來收入ヲ生スヘキ事業ノ爲メ公債ヲ起シ其收入ヲ以テ償還ニ充テントスルトキハ償還期限ノ終リマテ毎年收入ノ年次見込書ヲ添附スヘキハ勿論ナリトス

一 公債元利償還年次表（第一表）
一 當該年度歲入歲出豫算表
一 當該年度諸稅負擔一覽表（第二表）
一 基本財產ノ有無並其額

負債償還年次表　（第一表）

年度	償還元金	利子（割合）	計
何年度	〇、圓〇〇〇	〇、圓〇〇〇	〇、圓〇〇〇
同	〇、〇〇〇	〇、〇〇〇	〇、〇〇〇
同	〇、〇〇〇	〇、〇〇〇	〇、〇〇〇

諸稅負擔一覽表　（第二表）

稅目	金額	納稅者總數ニ對スル平均一人當	總人口ニ對スル平均一人當	總戶數ニ對スル平均一戶當
直接國稅	○、○○○圓	○、○○○圓	○、○○○圓	○、○○○圓
府縣稅	○、○○○	○、○○○	○、○○○	○、○○○
市町村稅	○、○○○	○、○○○	○、○○○	○、○○○

總人口總戶數及納稅者總數（納稅者ノ總數ハ一人ニシテ直接國稅府縣稅市町村稅ヲ納ムルモノモ或ハ其內一稅又ハ二稅ノミヲ納ムルモ凡テ一人ニ算シタル總人員ヲ云フ）ヲ備考トシテ掲載スヘシ

水利組合ニ於テ要スル負債ニ付テハ水利組合區域內ヨリ納ムヘキ諸稅目ヲ前後ニ準シ調製シテ倘左表ヲ添附スヘシ

費目	金額	附記
水利組合費	○、○○○圓	普通水利組合ニ於テハ組合內ノ總反別及總地價及總地價平均一圓當竝出費人ノ平均負擔
	○、○○○	水害豫防組合ニ於テハ組合ノ家屋ノ總數、土地ノ總反別竝出費人一人ノ平均負擔額

其　四

市町村《しちやうそん》に於《おい》て特別税《とくべつぜい》を新設《しんせつ》する場合《ばあひ》に於《お》ける其許可稟請書《そのきよかりんせいしよ》の例《れい》。

本稟請書《ほんりんせいしよ》は市制第《しせいだい》百六十六條《でう》、第《だい》百十七條及《でうおよび》町村制第《ちやうそんせいだい》百四十六條《でう》と第《だい》九十七條《でう》に準據《じゆんきよ》して書《か》くべきである。

市町村特別税新設許可稟請書

稟請者　何府縣何郡市町村長　何　某

許可ヲ受クヘキ事項

何府縣何市町村ニ於テ町村制第九十七條第四項ノ何々特別税ヲ新設シ賦課徴收スルコト

但右特別税賦課議決書ハ別冊ノ通

議決ノ年月日議決機關

右何年何月何市町村會ニ於テ議決

許可稟請ノ理由

右特別税ヲ賦課スル理由ヲ詳述スヘシ、若シ其理由ニシテ町村會ニ於テ議決シタルモノアルトキハ別冊トシテ之ヲ添附スルモ可ナリ

稟請

右特別税新設賦課徵收ノ件許可相成度、別紙必要書類相添町村制第百四十六條ニ依リ稟請候也

添附書類

一　特別税何々賦課議決書
二　同上理由書
三　歳入一覽書
四　歳出一覽書
五　地益調
六　負債調
七　特別税ニ關スル收支調
八　何々

年　月　日

右　何府縣何郡町村長　何　某　㊞

內務大臣　何　某　殿
大藏大臣　何　某　殿

其五

右稟請書ニ添付スヘキ書類ノ書式

◉制限外課税特別新設變更等稟請ニ添附スヘキ様式

（明治四十三年六月訓第一九一號内務大藏兩大臣訓令）

市區町村其ノ他公共團體ニ於ケル地租營業税所得税ノ附加税及段別割制限外若ハ間接國税附加税ノ賦課又ハ特別税ノ新設、增額變更ニ關スル議決（特別税ハ條例）ノ許可稟請ニ添附スヘキ書類ハ別紙様式ニ準據シ調製スヘシ

一　歳入一覽表　（別紙第一號様式）

一　歳出一覽表　（別紙第二號様式）

歳出一覽表ハ經濟ヲ異ニスルモノニ在リテハ各別ニ之ヲ調製スヘシ第二回以後ノ稟請ニハ前回稟請ノ際ニ添附シタル歳出一覽表ハ添附ヲ要セス

財源ヲ特定シタル費目ニ付テハ摘要欄内ニ其ノ財源ヲ附記スヘシ

一　地租、營業税、所得税ノ附加税及段別割ノ制限外賦課又ハ特別税若ハ間接國税附加税ノ賦課ニ關スル議決書謄本及其ノ理由書議決書ハ別紙第三號様式ニ依リ調製シ特別税ノ增額、變更ニ在テハ其ノ旨ヲ明示スヘシ

第一號

△印ハ朱書

某府縣某郡（市）（區）某町村何々何年度歳入一覽表

△（第一例）

費途		△本市町村費	△何町村外何ケ町村組合費	本町村何區費	何々	計	
附加税	地價割	圓 0,000					（甲號）宅地地租金若干 地租一圓ニ付
附加税	戸別割 家屋割	圓 0,000					戸數何戸平均一戸ニ付金若
附加税	營業割	圓 0,000					府縣稅營業稅雜種稅金若干
附加税	何々附加税	圓 0,000					
特別税	段別割	圓 0,000					田何町歩一段歩ニ付金若干
特別税	何々	圓 0,000					
其他ノ收入		圓 0,000					財産ヨリ生スル收入金若干
計		圓 0,000					

金若干
內許可濟金若干
此賦課金若干
田畑地租金若干
地租一圓ニ付金若干
內許可濟金若干
此賦課金若干
其他地租金若干
地租一圓ニ付金若干
內許可濟金若干
此賦課金若干
（乙號）
今回議決ノ分
宅地地租金若干
地租一圓ニ付金若干
此賦課金若干

干
又ハ建坪總數幾個平均幾坪ニ付金若干

本税一圓ニ付金若干

此賦課金若干
地租金若干
一圓ニ付金若干
（此例ニ依リ各地目別ニ記載スルコト不均一ノ税率アルモノハ其税率ニ依リ內譯ヲ掲クルモノトス下欄ノ各課目モ同例トス）

使用料及手數料金若干
何々金若干
何々金若干
縣補助金若干ノ內傳染病豫防費補助金若干
（款ヲ以テ記入シ四十一年法律第三十七號第五條第一項第二項ノ費用ニ對スル收入ハ內譯ニ記載スルコト）

市町村ノ監督ニ關スル書式（其五）

（田畑其他ハ此例ニ依リ記載スルコト）

従前議決ノ分

宅地地租金若干

地租一圓ニ付金若干

内許可濟金若干

稟請中金若干

此賦課金若干

（田畑其他ハ此例ニ依リ記載スルコト）

備考

凡例

一　豫算ノ議決二回以上ニ渉リタルトキハ今回議決ニ係ル分ヲ墨書シ從前議決ニ係ル分ヲ朱書スヘシ

一　其他ノ收入ノ欄ニハ課税外一切ノ收入即財産ヨリ生スル收入使用料及手數料、國庫及府縣交付金、雜收入等ヲ合計シテ記入シ附記ニ其内譯ヲ記載スヘシ

一　特別税中市制第百二十二條町村制第百二十六條ニ依リ許可ヲ要セスシテ從前ノ儘存置シタルモノハ特別税目ノ肩書ニ「存置」ノ二字ヲ票記スヘシ

一　地價割ノ附記ハ第一回議決ノトキハ甲號ニ依リ第二回以後ノトキハ乙號ニ依ル但シ從前ノ議決二回以上ニ渉リタル場合ニ於テ前後地租額ヲ異ニスルトキハ附記ヲ各別ニ記載シ其事由ヲ備考ニ記載スヘシ今回ノ議決ト從前ノ議決ト地租額ヲ異ニスル場合其事由ノ記載方モ亦同シ

一　段別割ノ附記及備考ノ記載方ハ前項ニ準ス

一　營業税、所得税ノ附加税又ハ間接國税附加税ノ附記ハ地價割ノ例ニ依ル

一　市町村內ノ各部賦課ノ率ヲ異ニシ又ハ負擔ノ區域ヲ異ニスルトキハ歳入一覽表ハ第二例ニ依リ負擔ノ同シキ區域毎ニ調製スヘシ

一　一部賦課及不均一課率ノ賦課ニ付キ許可ヲ受クルコトヲ要スルモノハ許可ヲ受ケタル旨及其年月日ヲ備考ニ記載スヘシ

第一號

某府縣某郡（市）（區）某町村何々何年度歳入一覽表　△（第二例）

市町村ノ監督ニ關スル書式（其五）

費途		△ 何區費 本市町村費 計		何區費 本市町村費 計		△ 何區費 本市町村費 計		合計
附加税	地價割		（附記ノ記載方第一例ニ同シ）					
	戶別割 家屋割							
	營業割							
	何々附加税							
特別税	段別割							
	何々							
其他ノ收入								
計								

備考

第二號

某府縣某郡（市）（區）某町村何々何年度歳出一覽表

經常費

科目	金額	摘要
役（所）場費	圓〇〇〇〇	給料、雜給、需用費、常時修繕費、通信運搬費、備品費、消耗品費
會議費		議員實費辨償額、書記給料、印刷料、筆工料、消耗品費、雇賃、通信費
土木費		道路、橋梁各修繕費、堤防修繕費何圓、用惡水路修繕費何圓、樋門修繕費何圓
教育費		教員給料、同恩給金、備品費、消耗品費、修繕費
衞生費		種痘費何圓、傳染病豫防費何圓
救助費		貧民救療費、貧民救助費

警備費			消防費、水防費何圓
勸業費			勸業會費、害蟲驅除費
公債費			某年度起債ノ内本年度償還元利金何圓
諸税及負擔			地租、地租割、郡費負擔、何町村組合費負擔
豫備費			豫算外ノ費用又ハ豫算超過ノ費用ニ充ツヘキ分
計			
臨時費			
教育費			何々、何々
土木費			何々何圓、何々何圓
計			
合計			

凡例

一 四十一年法律第三十七號第五條第一項及第二項ニ依リ制限外課税ヲ爲シ得ヘキ費用ニ付テハ其豫算ノ金額ヲ摘要欄ニ記載スルモノトス

一 追加豫算ノ分ハ別ニ調製スヘシ

第三號

某府(縣)某市(某市某區 某郡某町(村)某郡某町(村)某區)會議決書謄本

本市(町、村、區、本市(町村)某區)費支辨ノ爲左ノ課率ヲ以テ(左ノ課率ノ範圍內ニ於テ別ニ議決ノ上)地價割段別割所得税附加税營業税附加税ヲ賦課(追加賦課)スルモノトス

一 地價割
　宅地地租金一圓ニ付金若干(以內)
　田畑地租金一圓ニ付金若干(以內)
　其他地租金一圓ニ付金若干(以內)

一 段別割
　田(畑)一段歩ニ付金若干(以內)
　何々一段歩ニ付金若干(以內)

一 所得税附加税 本税金一圓ニ付金若干(以內)

一 營業税附加税 本税金一圓ニ付金若干(以內)

　但シ何年度分(自何年度至何年度何年度分)

何年何月何日議決

凡例

一　課率ハ厘位以下忽位ニ止ラサルトキハ四捨五入ノ法ヲ以テ忽位ニ止ムルモノトス

一　一部賦課ニ在テハ賦課ノ區域及課率ヲ不均一課率ノ賦課ニ在テハ其課率ヲ明記スルモノトス

㊙市町村其ノ他公共團體ノ課税許可稟請書ニ添附ス可キ書類

（同四十三年六月十六日内務省地第三四一四號通牒）

市町村其ノ他公共團體ノ課税許可稟請書ニ添附スヘキ書類ハ前掲訓令ノ外左記ノ書類ハ從前ノ通添附ヲ要ス

一　地盆調

一　負債調

一　特別税ノ新設增額ノ場合ニハ特別税ニ關スル收支調

㊙地盆調ヲ添附スヘキ場合竝其樣式

（同年十一月二十八日同地第六〇九三號通牒）

一　免租又ハ除租中ノ土地ニ對シ段別割ヲ賦課スルトキ

二　地租附加税ノ賦課割又ハ段別割若ハ段別割ト地租附加税トヲ併課シ其ノ地租一圓當リノ額カ本税ノ十分ノ七ヲ超ユルトキ

三　地益ヲ增加スヘキ事業ノ爲メ起債セムトスルトキ
此ノ場合ニハ事業施行前ノ地益調ト事業成功後ノ見込地益調トヲ添付スルコト

四　樣式

地益調　　一段歩當

地目	收穫物 種類	收穫物 數量	收穫物ノ價格又ハ收得金	石代又ハ單價	地租	府縣稅	市町村稅	水利組合費其他	耕作費等	純益
田			〇,〇〇〇円	〇,〇〇〇円	〇,〇〇〇円	〇,〇〇〇円	〇,〇〇〇円	〇,〇〇〇円	〇,〇〇〇円	〇,〇〇〇円
畑										
宅地										
何々										

一　賦課ノ等差ヲ設クルモノニアリテハ其ノ等級別ニ記載スルコト
一　收穫物ノ種類ハ主要ナルモノヲ揭クルコト但シ田ニシテ二毛作ヲ爲ス爲收穫物ノ種類ヲ異

ニスルトキハ各別ニ之ヲ掲記スルコト

一　宅地ノ如キ收穫物ナキモノハ賃貸價格ヲ記載スルコト

一　牧場ノ收得金ノ如キハ算出ノ基礎ヲ備考ニ記載スルコト

一　收穫物ノ數、量、價格及收得金、石代又ハ單價、耕作費等ハ前三年ノ平均ヲ掲クルコト

一　耕作費ハ勞銀、種子代、牛馬使用ノ費用、肥料、農具代等ヲ掲クルコト

一　税額ハ總テ當該年度ノ賦課額ヲ掲上スルコト

一　耕地整理組合費用ノ負擔アルトキハ水利組合費其ノ他ノ欄ニ之ヲ合記シ其ノ由ヲ備考ニ記載スルコト

一　收穫物又ハ收得金、經費ニ關スル計算ハ關係地ノ平均ニ依ルコト

◎負債ニ關スル調書樣式　（同三十六年四月七日地甲第四一號通牒）

何府縣（郡市町村）……………負債ニ關スル調書

一　起債ノ要領	
議決年月日	
許可年月日	

起債額（借入金額 償還額 償還未濟額）	
起債ノ目的	
募集ノ方法	
利息ノ定率	
借入ノ年月日	
償還ノ方法	何々何年度ヨリ何个年賦毎年何月何日ノ二期ニ償還ノ額
償還ノ財源	
償還終了ノ期限	
備考	

二　償還年次表

年次	
元金償還額	
利子支拂額	
計	

何々何年			
同何年			
合計			

◉特別税新設ニ付テハ收支調査ヲ添附セシムルノ件

（同四十年三月八日往第三四三三號通牒）

府縣市町村ニ於テ特別税（收入金ヲ課税ノ標準トスルモノ法令ヲ以テ課率ノ限度ヲ定メタルモノ收入金ヲ推定シ難キ飼犬税ヲ除キ）ヲ新設シ又ハ增率ノ許可申請ヲ爲ストキハ別紙樣式ニ準シ收支ニ關スル大體ノ調書添附候樣御取扱相成度

（別紙）

代書人税ニ關スル收支調ノ例

收支金何程　囑託文書一通平均手數料何程一个年何程ニ對スル分

經費何程

内

公課何程　國稅何程府縣稅何程町村稅何程

公課以外ノ經費何程

殘　何　程
税率一人ニ付（又ハ何々）何程
（備考）納税義務ヲ有スル者ノ中收入金最モ多キ者ヲ標準トスルコト
經費ハ收入ヲ得ルニ必要ナル經營費トス以下同シ案內業税、仲仕税、乳牛税、賃駕籠税、木
流業税、筏乘税等之ニ準ス
木材川下税ニ關スル收支調ノ例
見積價格何程　木材ノ種類、尺〆又ハ板ノ平坪等材積ヲ課税ノ標準別ニ詳記スルコト
見積經費何程
內
公　課　何　程　國税何程府縣税何程市町村税何程
公課以外ノ經費何程
殘　何　程
税率何々（標準別）何程
（備考）税率ノ最高ノ木材又ハ板類等ニ付推定揭記スルモノトス
私法人使用建物税ニ關スル收支調ノ例
建物賃貸價格何程　建坪何程二階坪又ハ附屬建物等標準ノ異ナル毎ニ詳記ス
經　費　何　程

内

公　課　何　程　國稅何程府縣稅何程市町村稅何程

公課以外ノ經費何程

殘　何　程

稅率建物一坪（又ハ何々）ニ付何程

（備考）標準トナルヘキ法人ニ付調査スルモノトス、經費ハ推定スルモノトス

製造場稅、店賃稅等之ニ準ス

平均戶別割ニ關スル收支調ノ例

所得金何程　　經費何程

殘　何　程　　稅率何程

（備考）所得ノ最モ少キ者ニ付調査スルモノトス平均戶數割等之ニ準ス

經費ニ付代書人稅ニ關スル調ノ備考ニ依ルヲ要セス

市町村豫算ニ關スル書式

其一

市町村《しちやうそん》歳入出《さいにふしゆつ》の豫算《よさん》表式《へうしき》の例《れい》。本表式《ほんへうしき》は市制第《しせいだい》百四十三條《でう》、町村制第《ちやうそんせいだい》百二十三條《でう》、及《および》大正元《たいしやうぐわん》年《ねん》十二月《ぐわつ》七日《か》内務省令第《ないむしやうれいだい》十八號《がう》及《および》大正《たいしやう》二年《ねん》四月《ぐわつ》十四日《か》通牒《つうてふ》に準據《じゆんきよ》すべきものである。

市町村歳入出豫算表式

市町村歳入出豫算ハ第一號ノ式ニヨリ之ヲ調製スヘシ
特別會計ニ屬スル歳入出豫算ハ前項ノ例ニ依ル
繼續費ノ年期及支出方法ハ第二號ノ式ニ依リ之ヲ調製スヘシ
市制第六條ノ市ノ區、市町村ノ一部、市町村組合又ハ町村組合ノ歳入出豫算並繼續費ノ年期及支出方法ハ前各項ノ例ニ依ル

附則

本令ハ大正二年度分ヨリ之ヲ施行ス

市町村吏員事務引繼ニ關スル書式

本書式《ほんしよしき》は町村制第《ちやうそんせいだい》百五十一條《でう》及明治《およびめいぢ》四十四年《ねん》九月内務省令第《ぐわつないむしやうれいだい》十七號《がう》に準據《じゆんきよ》すべきものである。

其一

市町村長《しちやうそんちやう》が更迭《かうてつ》の場合《ばあひ》の事務《じむ》引繼《ひきつぎ》に關《くわん》する書類《しよるゐ》の例《れい》。

市町村長更迭事務引繼書

何町（又ハ市、村）長猪熊雄吉退職ニ因リ町村制第百五十一條及明治四十四年內務省令第十七號ニ依リ後任者（又ハ收入役）石橋堅吉ト事務ノ引繼ヲ爲スコト左ノ如シ

一　書類、帳簿　　別冊ノ通（戶籍ニ關スル書類帳簿ニ付キ載示シタルモノニ準スヘシ）

二　財產目錄　　別冊ノ通（市町村會ニ提出スヘキ財產表ニ準シ詳細ニ記スヘシ）

三　處分未濟ノ事項

一　隣町（又ハ村）何々町（又ハ何々村）ト中女學校建築事務ニ付キ之ヲ共用處理スル爲メ町村制第百二十九條ニ依リ一部事務ノ町村組合ヲ設ク可キ旨昭和何年何月何日本町（又ハ村）會ニ於テ議決シタルヲ以テ其議決ノ趣旨ニ依リ何々町（又ハ村）長ニ對シ何年何月何日第一回ノ交涉ヲ開キタルニ同町（又ハ村）ニ於テハ至急調査ノ上臨時町（又ハ村）會ヲ開キ之ヲ提出シ其議決ヲ俟チテ回答スル旨ニテ此處分未濟ナリ、然レトモ同町長及同町有志ノ大部分ノ意見トシテハ右中女學校共同設立ニ對スル共同處理ハ最モ緊切ナル適法ニシテ兩町（又ハ村）ノ利便ニ屬スルヲ以テ、本町（又ハ村）ノ希望ニ應スヘキ結果ヲ得ルコトハ蓋シ時日ノ問題ト本職ハ思考ス、本町（又ハ村）トシテハ何町（又ハ村）ニ於テ其調査ニ關シ本町（又ハ村）ノ調査セシ總テヲ提供シテ一日モ早ク何町會開會ヲ促進スルヲ其

最モ適當ナル處置ト思考ス

二　其他何々

四　處分未着手ノ事項

一　何年何月何日町（又ハ市、村）會ノ議決ヲ以テ本町ヲ貫流スル何々川改修ノ建議アリ、是レ何々ノ理由ニ依リ最モ必要ノ事ナリト思惟シタルモ議決後僅カニ數日ニシテ未タ其調査ニ着手スルニ至ラス、然レトモ右ハ前述ノ如ク甚タ必要ナリト思惟スルヲ以テ直ニ工事着手ニ要スル調査ヲ爲シ施工ノ一日モ早キヲ良策ト思料ス

二　何年何月何日町（又ハ市、村）會ノ議決ニ依ル何々ノ件ハ何々ノ理由ニ依リ要急ノ事件ニ非スト思料シタルヲ以テ、其調査ニ着手セス（又ハ何々）

五　將來企劃スヘキ見込ノ事項

一　何々

二　何々

右何年何月何日引繼ヲ完了ス

前任何市町村長　何　某　㊞

後任何市町村長　何　某　㊞

右《みぎ》引繼《ひきつぎ》の件《けん》に就《つ》き各府縣《かくふけん》に於《おい》て特別《とくべつ》の規定《きてい》を設《まう》けある場合《ばあひ》は其規定《そのきてい》に據《よ》るものなるは此處《こゝ》に云《い》

ふを待《ま》たず。

其　二

法定《はふてい》の期間内《きかんない》に事務《じむ》引繼《ひきつぎ》を完了《くわんれう》せざる場合《ばあひ》には許可稟請《きよかりんせい》に依《よ》り其延期《そのえんき》の許可《きよか》を受《う》けねばならぬ本例《ほんれい》は其許可稟請《そのきよかりんせい》の例《れい》である。

法定期間内事務引繼未了許可稟請書

前任何市町村長　何　某

右何年何月何日退職ニ因リ退職ノ日ヨリ十日間即チ何年何月何日マテニ其事務ヲ後任者ニ引繼クヘキノ處（又ハ事務ヲ後任者ニ引繼クヘク何年何月何日ヨリ着手シタル處）何月何日ヨリ別紙診斷書ノ如ク何々ノ疾病ニ罹リ（或ハ何々ノ理由ニ依リ）引繼事務ニ從事スルコト能ハサルヲ以テ右法定期間内ニ引繼ヲ完了スルコト能ハサルニ因リ何年何月何日迄事務引繼完了延期許可相成度別紙診斷書相添此段稟請候也

年　月　日　右　前任何市町村長　何　某　㊞

何府縣知事　何　某　殿

其　三

市町村長其他《しちやうそんちやうそのた》の事務《じむ》引繼《ひきつぎ》の完了《くわんれう》を報告《はうこく》する書式《しよしき》の例《れい》。

市町村長（其他何々）事務引繼完了報告

前任何市町村長　何　某
後任何市町村長　何　某

右前任何市町村長何某何年何月何日退職ニ因リ何年何月何日ニ於テ後任者何某ト事務引繼ヲ完了シタルニ因リ報告候也

年　月　日　右　前任何市町村長　何　某㊞
後任何市町村長　何　某㊞

何府縣知事　何　某　殿

市町村財務規定ニ關スル書式

其　一

財務規程《さいむきてい》に規定《きてい》するものの外市町村《ほかしちやうそん》に於《おい》て府縣知事《ふけんちじ》の許可《きよか》に依《よ》りて定《さだ》むる處《ところ》の必要規定《ひつえうきてい》の書式《しよしき》

の例《れい》。本例《ほんれい》は明治《めいぢ》四十四年《ねん》九月《ぐわつ》内務省令第《ないむしやうれいだい》拾五號《がう》に據《よ》るものである。

市町村財務規程細則

第一章　歳入

第一條　町（又ハ市、村）税ハ毎年度町（又ハ市、村）會ノ議決シタル税目及課率ニ依リ賦課徴收スルモノトス

第二條　町（又ハ市、村）税ノ賦課ノ後ニ於テ納税義務ノ全部若クハ一部ノ消滅スヘキ事實ヲ生セル事アルモ其賦課額ハ之ヲ減免セス

第三條　賦課期日後新ニ本町（又ハ市、村）税ノ納税義務ヲ有シタル者ニ對シテハ本町（又ハ市、村）ニ於テ本税ノ賦課ヲ受クル者ヲ除ク外其期間ニ於ケル附加税ヲ賦課セス

第四條　町（又ハ市、村）税ノ脱税ニ係ルモノハ當該年度ノ課率ニ依リ其脱税額ヲ一時ニ徴收スルモノトス

第五條　左ニ掲クル各項ニ該當スル既納税額ハ之ヲ還付ス

一　賦課期日前荒地ト成其他ノ事實ニ依リ免租又ハ爾後免租トナリタル土地ニ對スル地價割ニシテ該事實發生以後ニ賦課シタル税

二　本税ノ減額ニ伴フ附加税ノ既納額

第六條　町（又ハ市、村）税中地租附加税ハ前後二期ニ分チ其年度ノ課率ヲ二分シ毎年四月一日

及十日一日現在ノ地租ヲ標準トシテ之ヲ賦課ス
前項ノ期日以後新ニ地價ノ設定若クハ修正又ハ荒地復舊等ノ爲メ増加ノ地租ニ對スル地價割ハ該月分ヨリ月割ヲ以テ之ヲ賦課ス

第七條　町（又ハ市、村）税中國税營業收得税附加税、所得税附加税、鑛業税附加税及賣藥營業税附加税ハ各年度内ニ於ケル國税ヲ課税標準トシテ之ヲ賦課ス

第八條　町（又ハ市、村）税中戸數割附加税、縣税營業税附加税、縣税雜種税附加税ハ各年度縣税ヲ課税標準トシテ之ヲ賦課ス

第九條　地租附加税ノ納期ハ前期ハ四月十日ヨリ三十日マテトシ後期ハ十月十日ヨリ三十一日マテトス但隨時徴收ニ屬スルモノノ納期ハ町（又ハ市、村）長之ヲ定ム
前項ノ外國税及縣税ノ附加税ノ納期ハ各其本税ノ納期ニ依ル

第十條　町（又ハ市、村）立學校ノ授業料ハ左ノ區別ニ依リ出席ノ有無ニ拘ラス之ヲ徴收スルモノトス但夏期休業又ハ臨時休業若クハ傳染性ヲ有スル病氣ノ爲メ出席ヲ停止シタル爲メ全月ニ渉ル場合ハ此限リニアラス

尋常小學校	兒童一人	一ケ月	金參拾錢
高等小學校	兒童一人	一ケ月	金四拾五錢
實業補習學校	生徒一人	一ケ月	金四拾五錢
實科高等女學校	生徒一人	一ケ月	金四圓

中學校　生徒一人　一ケ月金　五　圓
一家ヨリ同時ニ二名以上就學スル者ニ對シテハ授業料ノ額最モ多キモノ（同額ノモノ二名以上アルトキハ年長者）一名ヲ除ク外半額ヲ徵收ス
第十一條　授業料ハ毎月拾五日ヲ以テ其當月分ノ納期日トス但當日カ休日ニ該ル場合ハ其翌日トス
第十二條　加入金過怠金及損害賠償金ハ町（又ハ市、村）會ノ議決ニ依リ之ヲ徵收ス但町村制第七十三條ニ依ル過怠金ハ此限ニアラス
第十三條　物件ノ貸附料ハ毎年度初月又ハ貸付ノ當月契約ニ定メタル金額ヲ徵入ス但契約ニ徵收期日ノ定メアルモノハ其期日ニ依ルモノトス
物件ノ賣却代金其他臨時ノ收入金ハ其都度金額ヲ徵收ス但契約ニ特ニ規定サレアルモノハ其契約ニ依ルモノトス
第十四條　町村制第百八條ニ依リテ納税ノ延期若クハ減免ヲ請ハントスル者ハ其事由ヲ具シ徵税令書受領後拾日以内ニ町（又ハ市、村）長ニ之ヲ申請スヘシ
第十五條　町（又ハ市、村）税中特別税及使用料手數料夫役現品ノ賦課徵收ニ關スル規程ハ別ニ之ヲ規定ス

第二章　歳　出

第十六條　經費支出ニ要スル請求書、領收證書、契約證書、證明書其他收支ノ證憑トナルヘキ書

類中計表類ヲ除ク外金穀物件ノ數字ハ總テ壹、貳、參、拾ノ文字ヲ用ユルモノトス

第十七條　經費ハ別ニ支拂期日ノ定メアルモノヲ除ク外毎月何日ヲ以テ支拂定日トス但當日カ休日ノ場合ハ其翌日トス、臨時緊急ヲ要スル支拂ニ付テハ前項ノ定日ニ拘ラス市（又ハ町、村）長ノ許可ヲ得テ之カ支拂ヲ爲スモノトス

第十八條　經費ノ支出ヲ受ケントスル者ハ請求書ヲ町（又ハ市、村）長ニ差出スヘシ但報酬給料、手當金、退隱料、退職給與金、死亡給與金、療治料、救助料、扶助料、弔祭料、勉勵賞與金、住宅料、賄料、現金前渡補助費、各種奬勵金、神饌幣帛料、寄附金、町（又ハ市、村）債元利償還基金、基本財產蓄積金、諸稅負擔、教育委託料救助費並定額ヲ以テ定ムル支給費ノ支給ヲ受クル者及費用辨償金其他請求書ノ徵シ難キモノハ此限ニアラス

代理人若クハ承繼人ニ於テ支出ノ請求ヲ爲サントスルトキハ左ノ書類ヲ差出シ其權限ヲ證明スヘシ但法定代理人等ニシテ代理權限ノ公認セラルルモノハ第一號ノ書類、相續ニ依ル債權ノ承繼ニシテ本町（又ハ市、村）ニ本籍ヲ有スル者ハ戶籍謄本ヲ差出スヲ要セス

一　代理ニ係ルモノハ被代理者ノ署長捺印シタル委任狀又ハ委任通知書

二　相續ニ係ル債權ノ承繼ハ戶籍謄本、其他ノ承繼ハ讓渡人ノ署名捺印シタル債權讓渡證書若クハ債權移轉通知書

第十九條　經費支出ノ請求ヲ爲シタルモノハ別ニ領收金額、領收ノ旨、及年月日ヲ記シ署名捺印ノ上之ヲ收入役ニ差出シ現金ヲ受領スヘシ

第二十條　現金前渡ヲ受ケタル者ハ事件完了ノ日ヨリ拾日以内ニ其支拂ヲ完結スヘシ

第二十一條　旅費ノ概算拂ヲ受ケタル者ハ歸廳後五日以内ニ精算スヘシ但旅行カ二ケ年度ニ涉ル場合ハ其前年度ニ屬スル旅費ハ四月拾五日マテニ精算スヘシ

前項ノ規定ハ旅費以外ノ概算拂ニモ之ヲ準用ス

市町村吏員ノ賠償責任並身元保證ニ關スル書式

本書式《ほんしよしき》は明治《めいぢ》四十四年《ねん》九月《ぐわつ》勅令第《ちよくれいだい》貳百四十五號《がう》に準據《じゆんきよ》すべきものである。

其一

市町村吏員《しちやうそんりゐん》に賠償《はいしやう》を命《めい》ずる書類《しよるゐ》の例《れい》。勅令第《ちよくれいだい》一條《でう》、市制第《しせいだい》百七十一條《でう》、町村制第《ちやうそんせいだい》百五十一條《でう》に因《よ》り收入役《しうにふやく》の保管金《ほくわんきん》亡失《けうしつ》の賠償《けいしやう》を命《めい》ずる場合《ばあひ》の例《れい》。

市町村吏員ニ對スル賠償通知

何市町村收入役　何　某

賠償スヘキ金額

一　金何百何拾圓何拾何錢
　賠償スヘキ期間
一　何年何月何日ヨリ何年何月何日マテ（又ハ何日間）
右收入役何某カ何年何月何日夜其職務上保管ニ係ル前記金額ヲ竊取セラレ亡失シタルハ保管上ノ不注意ニシテ避クヘカラサル事故ニ原因スルモノト認ムルコトヲ得サルニ因リ前記ノ期間内ニ前記金額ヲ本町（又ハ市、村）ニ賠償納入スヘシ
右明治四十四年勅令第二百四十九號第一條ニ依リ市（又ハ町、村）會ノ議決ニ基キ告知ス

年　月　日

何市町村長　何　某　㊞

其二

市町村吏《しちやうそんり》員《ゐん》身元保證《みもとほしよう》に關《くわん》する規程《きてい》の例《れい》。本規程《ほんきてい》は市制《しせい》第百七十一條《でう》、町村制《ちやうそんせい》第《だい》百五十一條《でう》に因《よ》るべきものである。

市町村吏員身元保證ニ關スル規程

第一條　本町（又ハ市、村）收入役、收入役代理者（又ハ副收入役）ハ此規定ノ定ムル所ニ依リ

就職ノ日ヨリ何日内ニ身元保證ヲ提供スヘシ
第二條　身元保證トシテ提供スヘキ物件ハ現金、有價證券、土地トス
提供スル有價證券ノ種類ハ國債證券、地方債證券又ハ政府ノ保證スル株券、債券ニシテ無記名ノモノニ限ル
土地ハ第一順位ヲ以テ抵當權設定登記ヲナスモノトス
有價證券及土地ノ價格ハ町（又ハ村、市）長之ヲ定ム
第三條　身元保證ハ左ノ程度ニ依ルヘシ
　収　入　役　　金壹千五百圓
　収入役代理　　金壹千五百圓
　副収入役　　　金八　百　圓
第四條　身元保證トシテ提供シタル物件ノ價値減少シタルトキハ納入ノ期限ヲ指定シテ其ノ減少ニ依ル減少額ヲ限リ提供セシムヘシ
第五條　身元保證トシテ提供シタル現金ヨリ生ル利子ハ提供者ニ交付ス
有價證券其他ノ提供物ヨリ生スル利益金ハ其利益ヲ生スル時期ニ總テ之ヲ提供者ニ交付スルモノトス
第六條　特別ノ事由アリテ身元保證ヲ提供シ得サル者ハ町（又ハ市、村）長ノ承認ヲ經テ其指定スル範圍内ノ身元保證人二名以上ヲ以テ之ニ代フルコトヲ得

前項ノ身元保證人ノ指定ノ範圍ハ地價金千五百圓以上ノ土地又ハ價格壹千五百圓以上ノ不動產ヲ納ムル者タルコトヲ要ス但土地以外ノ不動產ニ對スル評價ハ町（又ハ市、村）長之ヲ評價ス

第七條　身元保證人ニシテ死亡若クハ失踪シタルカ又ハ第六條第二項ノ資格ヲ失ヒタルトキハ遲滯ナク保證人ノ設定又ハ變更ヲ爲スコトヲ要ス

第八條　收入役、收入役代理者又ハ副收入役ニシテ退職又ハ死亡シタルトキハ事務引繼完了後二十日以內ニ其ノ提供シタル保證金又ハ保證物ヲ還付ス但町（又ハ市、村）長ニ於テ必要ト認メタルトキハ一定ノ期間之ヲ留置クコトアルヘシ

附　則

本規定ハ發布ノ日ヨリ之ヲ施行ス

道路法施行令ニ關スル書式

本書式《ほんしよしき》は大正《たいしやう》八年《ねん》十一月《ぐわつ》勅令第《ちよくれいだい》四百六十號《がう》に因《よ》らなければならないものである。

其　一

國道以外《こくだういぐわい》の道路《だうろ》の路線認定書《ろせんにんていしや》の例《れい》であるが本例《ほんれい》は特《とく》に町村道《ちやうそんだう》の認定《にんてい》の場合《はあひ》の例《れい》である。

道路ノ路線認定書

本町(又ハ村)ニ於ケル町(又ハ村)道ノ路線道路法施行令第二條ニ依リ町(又ハ村)會ノ諮問ヲ經同法第十四條ニ依リ左ノ通リ認定ス

第一幹線

一　路線名　第一幹線(又ハ第一線或ハ何々町又ハ何々通)

二　路線ノ起點　本町(又ハ村)大字何々何番地(又ハ國道、若クハ府道何々線何々所ニ接續スル地點)

三　路線ノ終點　本町(又ハ村)大字何々何番地(又ハ國道、府縣道何々線何所ニ接續若クハ隣町村ノ何々線ニ接續)

四　重要ナル經過地　右起點ヨリ南東ニ直線ヲ劃シ大字何々何番地ニ至リ第二幹線交叉點ニ於テ何度ノ角度ヲ以テ東ニ折レテ直線ヲ劃シ大字何々何番地點ヨリ再ヒ南東ニ復シ直線ヲ劃シ右終點ニ至ル添付圖面ノ如シ

第二幹線

第一支線

一　路線名……………………

二　路線ノ起點……………………

（以下前示に同じ）

年　月　日　　　何町村長　何　某　㊞

其　二

國道《こくだう》以外《いぐわい》の路線《ろせん》認定《にんてい》認可《にんか》の申請書《しんせいしよ》の例《れい》。道路《だうろ》法第《はふだい》五十二條《でう》によるもの。

道路ノ認定認可申請書

申請者　認定者　何町村長　何　某

本町村ニ於ケル町（又ハ村）道ノ路線道路法施行令第二條ニ依リ何年何月何日本町（又ハ村）會ノ諸問ヲ經何年何月何日別紙ノ通リ認定候ニ付キ認可相成度別紙認定書、圖面、町（又ハ村）會ノ答申書ヲ添附シ道路法第五十二條ニ因リ申請候也

年　月　日　　右　何町村長　何　某　㊞

何府縣知事　何　某　殿

其　三

道路法施行令ニ關スル書式（其四）

國道《こくだう》以外《いぐわい》の道路《だうろ》の路線《ろせん》認定《にんてい》告示《こくじ》の例《れい》。勅令第《ちよくれいだい》四百六十號第《がうだい》六條第《でうだい》二十七條《でう》によるもの。

道路ノ路線認定告示

本町村ニ於ケル町村道ノ路線町（又ハ村）會ノ諮問ヲ經道路法第十四條ニ依リ左ノ通リ認定シ何年何月何日何府縣知事ノ認可ヲ得タリ

一　路線名、路線ノ起點及終點、及重要ナル經過地ヲ掲クルコト認定書ノ場合ニ同シ

右道路施行令第四條及第六條ニ依リ告示ス

年　月　日

何町村長　何　某　㊞

其四

道路《だうろ》法《はふ》施行《しかう》の際《さい》に路線《ろせん》を認定《にんてい》したる後更《のちさら》に新道路《しんだうろ》設定《せってい》の必要《ひつえう》ある時《とき》には其路線《そのろせん》の認定《にんてい》を要《えう》するものである。本例《ほんれい》は其認定書《そのにんていしよ》の例《れい》。道路法第《だうろはふだい》一條及《でうおよ》び第《だい》十四條《でう》によるもの。

道路ノ路線認定書

本町村ニ於ケル町村道ノ路線何年何月何日認定シタル外更ニ道路法施行令第二條ニ依リ町村會ノ

諸問ヲ經同法第十四條ニ依リ左ノ路線ヲ認定ス

（路線名、起點、終點、經過地等ヲ掲クルコト認定書ノ場合ニ同シ）

年　月　日　何町村長　何　某　㊞

（注意）認定ノ認可申請、告示ハ前ニ示シタルモノニ同シ

其五

前示《ぜんじ》の路《ろ》線認定《せんにんてい》後に於《おい》て其路《そのろ》線《せん》の變更《へんかう》を要《えう》する場合《ばあひ》の變更認定《へんかうにんてい》の例《れい》。

道路ノ路線ノ認定ノ變更書

本町村ニ於ケル町村道ニ付キ何年何月何日爲シタル路線ノ認定中道路法施行令第二條ニ依リ町村會ノ諸問ヲ經同法第十四條ニ依リ左ノ通リ變更ス

第一幹線ノ經過地中「第二幹線交叉點ニ於テ何度ノ角ヲ以テ東南ニ折レ」ヲ「第二幹線ト交叉シ更ニ正東ニ進ミ大字何々番地先ニ至リ何度ノ角ヲ以テ東南ニ折レ」ニ改ム

年　月　日　何町村長　何　某　㊞

（注意）此認定ノ認可申請書及告示ニ付テハ前ノ認定ニ付キ示シタルモノニ準スヘシ

水道ニ關スル書式

其　一

市町村《しちやうそん》其他《そのた》の布設《ふせつ》する水道《すゐだう》布設《ふせつ》認可《にんか》申請書《しんせいしよ》の例《れい》。水道條例《すゐだうでうれい》第《だい》二條《でう》及《およ》び第《だい》三條《でう》によるもの。

水道布設認可申請書

何府縣何郡
申請者　何市町村長　何　某

當市町村ニ於テ其公費ヲ以テ布設スルノ件何年何月何日別紙議決書ノ如ク市町村會ニ於テ議決候ニ因リ右水道布設認可相成度、別紙目論見書、市町村會ノ議決書ヲ添附シ水道條例第三條ニ依リ申請候也

年　月　日

右　何市町村長　何　某　㊞

內務大臣　何　某　殿

右申請書ニ添附スヘキ目論見書

何市町村水道布設目論見書

第一　水道事務所ノ所在地　　何府縣何郡何市役所（町村役場）（又ハ何々何番地）
第二　水源ノ位置
一　水源ノ種別　　何府縣何郡何町村字何々、何々池湖（又ハ何々河川若クハ新設堀井）
二　周圍ノ狀況　　右何々池湖ハ前記何町村字何々ニ在ル何有地ニシテ三方右何山ノ脈ヲ以テ周ラシ何山ハ樹齡約何年ノ山林ニシテ之ニ因リテ右池湖ハ常ニ碧水ヲ湛ヘ面積何程、深サ何程、水質極メテ良好ナリ、然カモ從來灌漑其他何等ノ用ニ供シタルコトナシ、而シテ本市町村ヲ距ル東方約何程ニシテ本市町村ヨリ高キコト何十尺、其本市町村ニ面スル方面ハ峯巒ノ圍ムモノナク引水極メテ容易ナリ（又ハ何々）別紙圖面ノ如シ
三　水量ノ概算　　何程　　四　水質　　別紙分析表ノ如シ
第三　水道線路其他
一　水道線路　　水道ハ何々ヨリ何處ヲ經テ何々ニ至リ何々
二　沿線地名　　何々、何々
三　貯水池　　水源ヨリ右何々ノ方法ヲ以テ引水シ本町村何字ニ至リ是處ニ（貯水池、灌水場、喞水場）ヲ設ケ其構造ハ何々（位置ヲ詳記シ圖面ヲ添附スヘシ）
第四　給水ノ區域、人口、給水量
一　給水ノ區域　　何市町村一圓（又ハ何々）
二　人口　　何程　　三　一人一日平均給水量　　何程

第五　人口增殖、製造場等ニ對スル給水量增加見込

一　人　口　何年何月何日ノ人口ハ何程ナルモ別紙何々調書ノ人口增加率ニ依ルモ水源ノ水量ハ何程何々ナルヲ以テ何程マテ增加スルモ給水量ハ何程增加シ得ルヲ以テ妨ケナシ（又ハ何々）

二　水量多川製造場　（前項ノ如ク見込ヲ記スヘシ）

第六　水壓ノ概算　何々

第七　工事方法　何々、別紙設計書ノ如シ

第八　起工竝竣工期限　起工何年何月何日　竣工何年何月何日

第九　工費ノ總額、收支方法、其豫算

一　工費總額　何程　二　收入支出ノ方法及豫算　別紙ニ記載スル所ノ如シ

第十　水道料ノ等級、價格、徵收方法、經常收支ノ豫算　別紙給水規則、收支豫算ニ記ス所ノ如シ

（注意）市町村ニ非サル企業者ヨリ申請スル場合ニハ經由地方長官ノ參考書トシテ（一）給水區域市町村ノ意見（二）同市町村ノ資力水道布設ニ堪ヘウルコト（三）水利引用ニ關シ沿線其他ニ害ヲ及ホササルコト（四）企業ハ必ス成功スヘキコト（五）申請者ノ信用、資產狀態ヲ明ニスル書面ヲ添附スヘシ

市町村長、公吏
町村會議員必携——市町村制ニ依ル

書式ノ草稿及實例　終

昭和四年九月十五日印刷
昭和四年九月二十日發行

書式ノ草稿及實例

定價金貳圓五拾錢

編輯者　加藤治彦

發行者　畑由之助
東京市神田區錦町一ノ十二

印刷者　川瀬松太郎
東京市神田區鎌倉町廿番地

發行所　改進書房
東京市神田區錦町一ノ十二

發賣所　崇文堂　富文館　文陽堂

地方自治法研究復刊大系〔第263巻〕

市町村長、公吏、町村会議員必携
市町村制ニ依ル 書式ノ草稿 及 実例〔昭和4年初版〕

日本立法資料全集 別巻 1073

2019(平成31)年1月25日　復刻版第1刷発行　7673-2:012-010-005

編　輯　加　藤　治　彦
発行者　今　井　貴
　　　　稲　葉　文　子
発行所　株式会社信山社

〒113-0033 東京都文京区本郷6-2-9-102東大正門前
Ⓣ03(3818)1019　Ⓕ03(3818)0344
来栖支店〒309-1625 茨城県笠間市来栖2345-1
Ⓣ0296-71-0215　Ⓕ0296-72-5410
笠間才木支店〒309-1611 笠間市笠間515-3
Ⓣ0296-71-9081　Ⓕ0296-71-9082

印刷所　ワイズ書籍
製本所　カナメブックス
用　紙　七洋紙業

printed in Japan　分類 323.934 g 1073

ISBN978-4-7972-7673-2 C3332 ¥36000E

日本立法資料全集 別巻

地方自治法研究復刊大系

仏蘭西邑法 和蘭邑法 皇国郡区町村編制法 合巻〔明治11年8月発行〕／箕作麟祥 閲 大井憲太郎 譯／神田孝平 譯
郡区町村編制法 府県会規則 地方税規則 三法綱論〔明治11年9月発行〕／小笠原美治 編纂
郡吏議員必携三新法便覧〔明治12年2月発行〕／太田啓太郎 編輯
郡区町村編制 府県会規則 地方税規則 新法例纂〔明治12年3月発行〕／柳澤武運三 編纂
全国郡区役所位置 郡政必携 全〔明治12年9月発行〕／木村陸一郎 編輯
府県会規則大全 附 裁定録〔明治16年6月発行〕／朝倉達三 閲 若林友之 編輯
区町村会議要覧 全〔明治20年4月発行〕／阪田辨之助 編纂
英国地方制度 及 税法〔明治20年7月発行〕／良保両氏 合著 水野遵 翻訳
鼇頭傍訓 市制町村制註釈 附 理由書〔明治21年1月発行〕／山内正利 註釈
英国地方政治論〔明治21年2月発行〕／久米金彌 翻譯
英制町村制 附 理由書〔明治21年4月発行〕／博聞本社 編
傍訓 市町村制 及 説明〔明治21年5月発行〕／高木周次 編纂
鼇頭註釈 市町村制俗解 附 理由書 第2版〔明治21年5月発行〕／清水亮三 註解
市制町村制註釈 完 附 市町村制理由〔明治21年初版21年5月発行〕／山田正賢 著述
市町村制詳解 全 附 理由書〔明治21年5月発行〕／日鼻豊作 著
市制町村制釈義〔明治21年5月発行〕／壁谷可六 上野太一郎 合著
市町村制詳解 全 附 理由書〔明治21年5月発行〕／杉谷庸 訓點
町村制詳解 附 市制及町村制理由〔明治21年5月発行〕／磯部四郎 校閲 相澤富蔵 編述
傍訓 市町村制 附〔明治21年5月発行〕／鶴聲社 編
市町村制 並 理由書〔明治21年7月発行〕／萬字堂 編
市制町村制正解 附 理由〔明治21年6月発行〕／芳川顯正 序文 片貝正晉 註解
市制町村制釈義 附 理由書〔明治21年6月発行〕／清岡公張 題字 樋山廣業 著述
市制町村制釈義 附 理由 第5版〔明治21年6月発行〕／建野郷三 題字 櫻井一久 著
市町村制註解 完〔明治21年6月発行〕／若林市太郎 編輯
市町村制釈義 全 附 市町村制理由〔明治21年7月発行〕／水越成章 著述
市町村制釈義解 附 理由〔明治21年7月発行〕／三谷軌秀 馬袋鶴之助 著
傍訓 市制町村制註解 附 理由書〔明治21年8月発行〕／鯰江貞雄 註解
市制町村制註釈 附 市制町村制理由 3版増訂〔明治21年8月発行〕／坪谷善四郎 著
傍訓 市町村制 附 理由〔明治21年8月発行〕／同盟館 編
市町村制正解 明治21年第3版〔明治21年8月発行〕／片貝正晉 註釈
市制町村制註釈 完 附 市制町村制理由 第2版〔明治21年9月発行〕／山田正賢 著述
傍訓註釈 日本市制町村制 附 理由書 第4版〔明治21年9月発行〕／柳澤武運三 註釈
鼇頭参照 市町村制註釈 完 附 理由書及参考諸令〔明治21年9月発行〕／別所富貴 著述
市町村制問答詳解 附 理由書〔明治21年9月発行〕／福井淳 著
市制町村制註釈 完 附 市制町村制理由 4版増訂〔明治21年9月発行〕／坪谷善四郎 著
市町村制 並 理由書 附 直接間接税類別 及 実施手続〔明治21年10月発行〕／高崎修助 著述
市町制釈義 附 理由書 訂正再版〔明治21年10月発行〕／松木堅葉 訂正 福井淳 釈義
増訂 市制町村制註釈 全 附 市制町村制理由挿入 第3版〔明治21年10月発行〕／吉井太 註解
鼇頭註釈 市町村制俗解 増補第5版〔明治21年10月発行〕／清水亮三 註釈
市町村制施行取扱心得 上巻・下巻 合冊〔明治21年10月・22年2月発行〕／市岡正一 編纂
市制町村制傍訓 完 附 市制町村制理由 第4版〔明治21年10月発行〕／内山正如 著
鼇頭対照 市町村制註解 附理由書及参考諸布達〔明治21年10月発行〕／伊藤寿 註釈
市町村制俗解 明治21年第3版〔明治21年10月発行〕／春陽堂 編
市町村制正解 明治21年第4版〔明治21年10月発行〕／片貝正晉 註釈
市町村制詳解 附 第3版〔明治21年11月発行〕／今村長善 著
町村制実用 完〔明治21年11月発行〕／新田貞橘 鶴田嘉内 合著
町村制精解 完 附 理由書 及 問答録〔明治21年11月発行〕／中目孝太郎 磯谷群爾 註解
市町村制問答詳解 附 理由 全〔明治22年1月発行〕／福井淳 著述
訂正増補 市町村制問答詳解 附 理由 及 追補〔明治22年1月発行〕／福井淳 著
市町村制質問録〔明治22年1月発行〕／片貝正晉 著述
傍訓 市町村制 及 説明 第7版〔明治21年11月発行〕／高木周次 編纂
町村制要覧 全〔明治22年1月発行〕／浅井元 校閲 古谷省三郎 編纂
鼇頭市制町村制 附 理由書〔明治22年1月発行〕／生稲道蔵 略解
鼇頭註釈 町村制 附 理由 全〔明治22年2月発行〕／八乙女盛次 校閲 片野続 編釈
市町村制実解〔明治22年2月発行〕／山田顕義 題字 石黒磐 著
町村制実用〔明治22年3月発行〕／小島鋼次郎 岸野武司 河毛三郎 合述
実用詳解 町村制 全〔明治22年3月発行〕／夏目洗蔵 編集
理由挿入 市町村制俗解 第3版増補訂正〔明治22年4月発行〕／上村秀昇 著
町村制全書〔明治22年4月発行〕／中嶋廣蔵 著
英国市制実見録 全〔明治22年5月発行〕／高橋達 著
実地応用 町村制質疑録〔明治22年5月発行〕／野田藤吉郎 校閲 國吉拓郎 著
実用 町村制市制事務提要〔明治22年5月発行〕／島村文耕 輯解
市町村条例指鍼 完〔明治22年5月発行〕／坪谷善四郎 著
参照比較 市町村制註釈 完 附 問答理由〔明治22年6月発行〕／山中兵吉 著述
市町村議員必携〔明治22年6月発行〕／川瀬周次 田中迪三 合著
参照比較 市町村制註釈 完 附 問答理由 第2版〔明治22年6月発行〕／山中兵吉 著述
自治新制 市町村会法要談 全〔明治22年11月発行〕／高嶋正載 著述 田中重策 著述

信山社